AF404104

DOCUMENTS

STATISTIQUES OFFICIELS

SUR L'EMPIRE

DE LA CHINE.

DOCUMENTS

STATISTIQUES OFFICIELS

SUR L'EMPIRE

DE LA CHINE,

TRADUITS DU CHINOIS

PAR G. PAUTHIER.

PARIS,

TYPOGRAPHIE DE FIRMIN DIDOT FRÈRES,

IMPRIMEURS DE L'INSTITUT,

RUE JACOB, N° 56.

1841.

DOCUMENTS

STATISTIQUES OFFICIELS

SUR L'EMPIRE

DE LA CHINE;

TRADUITS DU

太清會典 *Taï-thsing-hoeï-tien*

(Édition postérieure à 1812*, en 80 liv.)

Par Mr G. Pauthier.

Il n'y a pas de fait statistique dans l'histoire mo-
derne qui ait soulevé plus de controverses, qui ait
été plus contesté, par les écrivains les moins compé-
tents, il est vrai, que celui de la population chinoise.
Au lieu de s'en rapporter aux autorités indigènes,
dans une matière où le contrôle de la science et de la
raison européennes, quelque supériorité qu'on leur

---

* L'exemplaire dont nous nous sommes servi, et qui appartient à la *Bibliothèque
royale de Paris,* provient de la riche collection de livres chinois que M. Stanislas-
Julien a cédés l'année dernière à cette bibliothèque dont il est devenu un des conser-
vateurs. Cet exemplaire n'a point de frontispice indiquant la date de sa publication.
La préface porte celle de l'*été* de l'année *Wou-yin* de Kia-king, ou été de 1810. Il y a
dans l'ouvrage des documents de la 17e année *Kia-king*, c'est-à-dire 1812. L'édition
ne peut donc qu'être postérieure à cette dernière année.

accorde sur celles des Chinois, est impossible, on a
prétendu, avec une assurance quelquefois prodigieuse,
que la population de la Chine ne devoit pas dépasser
tel chiffre arbitraire, et que les nombres de plusieurs
documents chinois, révélés à l'Europe par des missionnaires très-versés dans la connoissance de la langue
et de la population chinoises, à de longs intervalles de
temps, étoient évidemment empreints d'exagération
et de mauvaise foi [1]. Il nous a paru que la traduction
pure et simple des documents suivants, publiés depuis
1812 par le gouvernement chinois, ne pouvoit man-
quer de lever les doutes des esprits les plus prévenus
et de faire cesser désormais toute controverse sur ce
sujet. Les nombres généraux de la population de
chaque province de la Chine, tels qu'ils résultent de
ces documents, avoient déjà été publiés par M. Morrison à la suite d'un rapport sur le Collége *Anglo-
Chinois* de Malacca, et reproduits par M. Morrison fils
dans son *Companion to Anglo-Chinese Kalendar*[2], et
c'est de ces deux sources que le chiffre de 361,000,000,
donné à la population chinoise, est parvenu à la connoissance de l'Europe ; mais les renseignements étoient

---

[1] Voy. entre autres un article de M. L.-D.-D. Rienzi, inséré dans le *National* du
16 mai 1840, article dans lequel l'auteur ne fait que répéter des chiffres déjà plusieurs fois déclarés inexacts, même par les missionnaires du dernier siècle, tout en
ayant la prétention de les donner comme puisés aux meilleures sources.

[2] Canton, 1832. Ces deux ouvrages, très rares en Europe, ne sont pas venus à notre
connoissance.

bornés là [1]. M. Neumann, professeur à Munich, a donné dans le recueil périodique intitulé : *Zeitschrift fur die Kunde der Morgenlandes*, 1er et 2e numéros, Goettingue, 1837, un résumé plus étendu des mêmes documents concernant la population chinoise, mais sans entrer dans d'autres détails que ceux relatifs à la population de chaque province. Nous avons cru qu'il était nécessaire de donner une traduction intégrale de ces documents, *Texte* et *Commentaire*, non-seulement pour bien connoître les chiffres détaillés de la population chinoise dans l'année 1812, mais encore pour que l'on puisse se convaincre, par les renseignements nombreux et importants qu'ils renferment, qu'ils méritent autant la confiance de l'Europe que les documents analogues publiés par nos propres gouvernements. L'original chinois, qui est le *Onzième livre* du grand *Recueil des statuts administratifs de la dynastie régnante en Chine* [2], comprend le *Recensement de la population*, le *Dénombrement des terres* et la *Répartition des impôts*, les deux premiers constituant la base permanente et fonda-

---

[1] L'*Aperçu statistique de la Chine*, donné comme tiré de *documents originaux* par feu Klaproth, à la suite de la traduction française du Voyage à Péking par *Timkouski*, Paris, 1826, n'est que la traduction pure et simple de l'*Appendix* anglois que M. P.-P. Thoms a publié à la suite de son édition du *Hoa-tsien*, Macao, 1824, d'après des documents chinois déjà vieilis, puisque la population n'y est portée qu'à 142,000,000, comme dans le *View of China* de M. Morrison, publié en 1817, à Macao.

[2] *Taï-thsing-hoeï-tien*, *Kiouan* IX, fol. 1-28, section *Hou-pou*, *Ministère des finances*.

mentale de l'assiette des derniers. Ces trois parties forment un ensemble de renseignements si essentiels et si importants pour la connoissance du gouvernement et de la nation chinoise, qu'ils ne peuvent être suppléés par aucun autre.

I.

RECENSEMENT DE LA POPULATION.

[*Texte.*] Les registres de la population de l'Empire seront exactement tenus.

[*Commentaire.*] Il y a des bureaux spéciaux, composés d'employés militaires mantchoux, mongols et chinois, placés sous la direction du Ministère des finances, qui tiennent ces listes, et s'en servent pour appliquer dans les différentes localités le salaire des huit bannières (l'armée chinoise). Les bureaux composés de militaires *fan*, qui tiennent les listes de la population extérieure *fan*, dépendante des *Tcha-tsa-khe* (*Dzassak*, chefs militaires mongols), ressortissent à la *Chambre des possessions étrangères* (*Li-fan-youan*).

[*Texte.*] Les familles et les personnes de toutes conditions de chaque province ont des chefs qui en contrôlent exactement le nombre, et chaque année ces chefs en font part au ministère. Le recensement se fait par *feux* ou *portes* [1]. Les *portes* ou *feux* se divisent en plusieurs classes.

1° Il y a les feux [2] du peuple (民戶 *min-hou*).

[*Comm.*] Ceux qui sont principalement attachés à la terre, ceux dont le séjour dans un lieu n'est que passager, mais qui sont inscrits sur les registres de recensement ; les individus qui ont fait partie des huit bannières, et qui sont attachés aux bureaux des bannières ; les militaires chinois qui sont

---

[1] 煙戶 *yen hou,* feux - portes.

[2] Dorénavant nous emploierons de préférence le mot *feu* pour *hou,* « porte, » parce qu'il a l'avantage d'être souvent employé avec la même signification dans notre langue.

sortis des bannières et qui se sont établis dans des lieux fixes et tranquilles où ils font partie du peuple; tous constituent les *feux du peuple*.

2° Il y a les feux militaires (軍戶 *kiun-hou*).

Ce sont ceux qui étoient inscrits sur les listes du recensement primitif sous le nom de gardes ou colonies militaires (*tun weï*, destinées à protéger des frontières ou des passages); les uns sont retournés au milieu de leurs compatriotes dans leur district, leur arrondissement et leur canton; les autres ont continué comme auparavant à rester attachés au service des colonies militaires, où ils ont obtenu des commandements. Ceux d'entre eux qui sont astreints à payer l'impôt personnel militaire constituent les *feux militaires*. Tous ceux qui sortent de chez eux pour occuper un emploi militaire, ainsi que leurs fils et petits-fils, s'ils suivent la même carrière et vivent ensemble, constituent aussi des *feux militaires*.

3° Il y a les feux d'artisans (匠戶 *thsiang-hou*).

Ils étoient sur la liste de la contribution personnelle du recensement primitif. Il y a des *feux d'artisans* dans chacune des provinces de l'Empire, lesquels artisans se succèdent dans le même service, la même profession qu'ils exercent ensemble. Si les descendants d'artisans viennent à changer de profession, l'état de la famille est soumis à un examen, et l'impôt en argent (que cette famille doit alors payer) est expédié à la capitale, au lieu du droit de la profession; on nomme cela argent de la profession d'artisan (*thsiang-pan-yin*); ensuite ils se répandent peu à peu dans chaque province, où ils finissent par entrer dans la masse des contribuables de l'impôt personnel et foncier. Ce n'est que dans les rôles complets des impôts et des charges publiques que la liste des artisans est conservée.

4° Il y a les feux des foyers (竈戶 *thsao-hou*).

A chaque puits ou exploitation de sel, il y a des foyers sujets à l'impôt personnel : ce sont ces foyers que l'on nomme *feux* ou *familles des foyers*.

5° Il y a les feux des pêcheurs (漁戶 *iu-hou*).

Les *feux des pêcheurs* datent du recensement primitif; ils se trouvent partout où il y a des fleuves, des rivières, des baies où les barques peuvent aborder. Ensuite ceux qui les composent (après une plus ou moins longue absence) retournent peu à peu dans leur arrondissement et leur canton.

6° Il y a les feux des musulmans d'origine (回戶 *hoeï-hou*).

La population d'origine musulmane se trouve disséminée dans divers lieux de chaque province; toute cette population est classée parmi les *feux du peuple* (pour le payement de l'impôt). C'est seulement dans la province de *Kan-sou* que se trouvent les familles musulmanes de la race *Sa-la-eurh* (*Sarar*), placées sous les ordres des magistrats locaux indigènes, dépendants des autorités supérieures de la province. En outre, il y a dans l'arrondissement *Ti-hoa* du département de *Tchin-si* (de la même province) des maitres de postes musulmans. Dans le district de *I-li*, la population est composée de familles musulmanes indigènes, ainsi que toute celle qui dépend de chaque ville fortifiée de la route méridionale (qui communique de la Chine avec l'occident de l'Asie).

7° Il y a les feux des *fan* (番戶 *fan-hou*).

Les familles *fan* se trouvent dans les districts de *Siun-hoa*, *Tchouang-liang*, *Kouei-té*, *Tchao-tchéou* de la province de *Kan-sou*; dans ceux de *Tsa-kou-Meou-Koung* et *Ta-tsien-lou*, de la province de *Sse-tchouan*; dans ceux de *Tsa-si*, de *Tchoung-tien* de la province de *Yun-nan*; dans les lieux qui dépendent de magistrats *fan* de districts dans l'île de *Taï-wan* (Formose), de la province de *Fo-kien*. Toutes ces populations forment des *feux* ou *familles fan*.

8° Il y a les feux des *Kiang* (羌戶 *kiang-hou*).

Les populations qui dépendent de l'arrondissement de *Kiaï* de la province de *Kan-sou*, celles qui dépendent de l'arrondissement de *Méou* de la province du *Sse-tchouan*, forment des *feux* de *kiang* ou thibétains.

9° Il y a les feux des *Miao* (苗戶 *miao-hou*).

Il y a des *feux de Miao* dans les districts de *Foung-houang*, *Young-souï*, *Tching-pou*, et *Souï-ning*, de l'arrondissement *Kien*, de la province de *Hou-nán*; dans ceux de *Si-tchang* et *Ying-chan*, de la province de *Sse-tchouan*; dans ceux de *Loung-ching*, de *Hoaï-youan*, de *Wou-youan* et dans la ville de *Sse*, de la province de *Kouang-si*; dans les cantons de *Tou-yun*, de *Hing-li*, du département de *Li-ping*, de *Soung-tao* et autres lieux qui en dépendent, dans la province de *Kouei-tcheou*.

10° Il y a les feux des *Yao* (猺戶 *yao-hou*).

Les populations qui dépendent de magistrats locaux de districts de race *yao*, dans les provinces de *Hou-nán* et de *Kouang-toung*, forment des *feux* de *Yao*.

11° Il y a les feux des *Li* (黎戶 *li-hou*).

Il y a des *feux* ou familles de *Li* dans l'arrondissement de *Kioúng* de la province de *Kouang-toung*.

12° Il y a les feux des *I* (夷戶 *i-hou*).

Il y a des *feux* ou familles de *I* dans les arrondissements de *Yun-loung*, de *Tang-yuë*, du canton de *Chun-ning*, dans la province de *Yun-nán*.

De tout ce qui compose la population proprement

dite, les mâles (parvenus à l'âge viril) sont appelés *ting* (丁) ou hommes robustes, virils; les femmes sont nommées *kéou* (口), bouches. Les jeunes gens qui ne sont pas encore parvenus à l'age viril [1], sont également classés parmi les bouches. Les hommes virils ou contribuables et les bouches (丁口 *ting-kéou*) seront inscrits sur des écriteaux suspendus aux portes des maisons, afin que chaque individu de la masse de la population compte parmi les hommes virils ou contribuables et les bouches.

Pour établir le chiffre exact de la population de chaque province, le gouverneur et le lieutenant gouverneur font recueillir dans tous les lieux qui sont de leur ressort, par des préposés nommés *Pao-kia* ou *chefs de dix feux,* les tablettes en bois attachées aux portes des maisons (*men-paï-tse*), pour avoir le nombre réel des personnes qui les habitent. Chaque année, à la dixième lune, ces listes de recensement réunies sont envoyées au Ministère, en même temps que la quotité des tributs qui sont prélevés sur cette même population. Le Ministère des finances, vers la fin de l'année, réunit tous ces documents, qu'il met en ordre, et en forme la *Liste impériale* (*hoang-tse* 黃冊) des impôts et revenus de l'Empire. Chaque année on examine l'accroissement de population qui est survenu, duquel accroissement il n'est tenu aucun compte, s'il est trop peu important.

Voici maintenant quel étoit le montant de la population des *Listes* de chaque province, envoyées au Ministère des finances, la dix-septième année *Kia-king* (1812 de notre ère).

1° Province de *Tchi-li,* 丁口 *ting-kéou,* contribuables et bouches.		27,990,871
Fong-tien ou *Moukden,*	id............	942,003
Kirin ,	id............	307,781
2° Province de *Chan-toung,*	id............	28,958,764
3° — *Chan-si,*	id............	14,004,210
4° — *Ho-nân,*	id............	23,037,171
5° — *Kiang-sou,*	id............	37,843,501
6° — *Ngan-hoeï,*	id............	34,168,059
		167,262,360

[1] « Les mâles qui ont seize ans sont parvenus à l'âge viril ou contribuable, *ting.* » *Commentaire.*

```
                                        Report ................... 167,262,360
7° Province de Kiang-si,      contribuables et bouches........... 23,046,999
8°        —      Fo-kien,                  id... ..............  ..... 14,777,410
        Contribuables fan de l'île de Taï-wan ou Formose...........    1,748
9° Province de Tche-kiang , contribuables et bouches............. 26,256,784
10°       —      Hou-pé,                    id....................... 27,370,098
11°       —      Hou-nán,                   id..................  ........ 18,652,507
12°       —      Chen-si,                   id.................  ........ 10,207,256
13°       —      Kan-sou,                 id.....................  ..... 15,193,125
        Parkol et Ouroumoutsi (dépendant de Kan-sou)......  ....    161,750
14° Province de Sse-tchouan, contribuables et bouches...........  .. 21,435,678
15°       —      Kouang-toung,             id.....  .........  ........ 19,174,030
16°       —      Kouang-si,               id.......................  7,313,895
17°       —      Yun-nán,                 id................  ....  ....... 5,561,320
18°       —      Kouei-tcheou,            id....................... 5,288,219
```

Total de la population de la Chine. .... 361,693,179[*]

Nota. On ne donne pas ici le nombre des contribuables des huit bannières tartares qui résident à *Péking.* (*Comm.*)

[*Texte.*] Populations situées au delà des frontières de la Chine propre, mais dépendantes de l'Empire, dénombrées par portes ou feux :

[*Comm.*] Ces populations se composent de musulmans, de *fan,* de *li,* de *miao,* de *yao* et autres étrangers, lesquels , longtemps errants, se sont enfin soumis. Toutes ces populations, après le recensement fait des *contribuables* et des *bouches,* doivent entrer dans le chiffre de la population générale de l'Empire.

Les populations qui dépendent du gouvernement de *Hé-loung-kiang* (fleuve du dragon noir, en mantchou *Saghalien-oula*) ; les *So-lun* (ou *Sso lon,* archers), les *Ta-hou-eurh* (*Daour*), les *Go-lun-tchun* (*Orotchun*), ou conducteurs de

---

* Le *Hoei-tien* (*Kiouan,* XIII , fol. 4) donne en toutes lettres le montant général de la *population totale, civile* et *militaire, contribuables* et *bouches* de toutes les provinces de l'empire de la Chine ; le chiffre est de 361, 691, 231. (*Kia king chi tsi nien tsi pao chi tsai khé seng khé tching min tun ting keou :* san wen lou tsien i pé lou chi khieou wen i tsien eulh pé san chi i.) Il y a une différence en moins avec le total ci-dessus, de 1,948, laquelle est due sans doute à l'admission, dans l'énumération des provinces, du chiffre de quelques populations étrangères à ces mêmes provinces, quoique en dépendant réellement. Les rédacteurs officiels du Recueil chinois ajoutent que , par suite du recensement que font chaque année au milieu de l'hiver les gouverneurs et les lieutenants gouverneurs des provinces pour connoître le nombre réel de la *population générale* de l'Empire et la *quantité de grains* et *riz* conservée dans les magasins ou greniers publics, la quantité de *chi* ou d'*hectolitres* de ces grains et de riz, pour l'année indiquée ci-dessus (1812) , conservée dans les greniers publics , s'élevoit à 33,588,575 *chi.*

rennes), et les *Pie-li-eurh* (*Pilar*), comprenant les individus qui ont atteint l'âge de porter la peau de marte zibeline, et qui par cela même, sont contribuables, s'élèvent, en les comptant par *feux* ou *portes*, à............ 4,497

Les populations qui dépendent des trois tribus (*san seng*): les *Tchi-tche*, les *Feï-ya-khé*, les *Li-eurh-kou-ye*, les *Go-lun-tchun*, les *Go-khe-la*, formant en tout cinquante-six clans, sont au nombre de 2,398 *portes* ou *feux*, ci... 2,398

Chacun de ces *feux* donne en tribut une quantité de 260 peaux de marte zibeline.

Les villes de *Ke-chi-go-eurh* (*Kachegar*), *Ye-eurh-kiang* (*Yar-kiang*), *Ho-ten* (*Khotan*), *Ho-khé-sou* (*Aksou*), *Koutchaï* (*Koutché*), *Khe-la-cha-eurh* (*Harachar*), toutes mahométanes, dépendent d'un bey, ou *Pek* (*Pé-khé*). Elles forment avec le territoire spécial de *I-li*, habité par des tribus de race musulmane, une population de 69,644 *portes* ou *feux*, ci... 69,644

Les populations *fan* qui dépendent du district de *Tchouang-lang* dans la province de *Kan-sou*, et dont chacune est soumise à un chef indigène, sont au nombre de 26,728 *feux*, ci...................... 26,728

Les soldats contribuables des divers clans et pays du *Toulou-fan* (*Tourfan*) ont 700 dénominations différentes; ceux de race musulmane forment 2,368 *feux*, ci.. 2,368

Ceux de race musulmane *la-pou-no-eurh*, 183 *feux*, ci............ 183

Leur tribut consiste en 2,340 *ta* d'eaux (les *ta* d'eaux sont, selon les Chinois, des animaux ressemblant à des petits chiens, qui vivent dans l'eau et se nourrissent de poissons. Il est à présumer que ce sont des *loutres*).

Les populations de race *fan*, gouvernées par des chefs indigènes qui dépendent de la province du *Sse-ichouan*, sont au nombre de 73,374 *feux*, ci.. 73,374

Celles qui dépendent de chefs indigènes de la *mer Verte* (ou *Kokonor*), au nombre de trente-neuf clans, forment 7,842 *feux*, ci............ 7,842

Toutes celles qui dépendent de chefs indigènes du *Si-thsang* (ou Thibet), au nombre de trente-neuf clans, forment 4,889 *feux*, ci. ... 4,889

Les populations qui dépendent d'*Ou-li-yaï-sou-taï*, les *Thang-nou* et les *Ou-liang-haï*, et qui donnent pour tribut des martes zibelines, sont au nombre de 595 *feux*, ci.. 595

Celles d'entre elles qui donnent pour tribut des écureuils sont au nombre de... 412

Les populations qui dépendent de *Ko-pou-to* (*Kobto*), les *Ho-eurh-taï* et les *Ou-liang-haï*, qui donnent pour tribut des martes zibelines, sont au nombre de 256 *feux*, ci.................................... 256

Celles d'entre elles qui donnent pour tribut des peaux de renards (*hou*) sont au nombre de 429 *feux*, ci................................ 429

Les *Ho-eurh-haï*, les *No-eurh*, les *Ou-liang-haï*, qui donnent en tribut des martes zibelines, sont au nombre de 147 *feux*, ci.......... 147
                                                                  ____
                                                                  193,762

Report.................................... 193,762

Ceux d'entre eux qui donnent en tribut des écureuils sont au nombre de.. 61

Chaque *feu* doit payer en tribut 520 peaux de marte zibeline, ou 1,040 peaux de *hou*, ou 20,800 écureuils [1].

Il y a en outre des peuplades *fan* et autres qui dépendent de chefs indigènes, dont on connoît bien le nombre de camps et le nombre de clans, mais dont on ignore le nombre de *feux*. Il y a encore des populations payant impôt, mais situées au delà des frontières, et dont on ne donne pas le dénombrement [2].

feux.

Total des populations placées en dehors des 18 Provinces....... 193,823

[*Texte.*] Tous les contribuables ou hommes payant l'impôt, seront immatriculés d'après le dénombrement de la 5o^e année *Khang-hi* (1712).

[*Comm.*] Une proclamation de l'empereur, de la 52e année *Khang-hi* (1714 de notre ère), fit connoître publiquement le nombre réel des contribuables de l'Empire qui s'étoit accru à la suite des générations successives, et fixa les rôles des contributions pour l'avenir, sur les listes de recensement des contribuables de la 50e année de *Khang-hi* (1712), n'ayant pas égard à l'accroissement annuel de la population, celle-ci pouvant augmenter sans que pour cela on dût jamais augmenter l'impôt. Voici ce recensement des contribuables de la 50e année *Khang-hi* (1712, un siècle avant le recensement de la population totale donné précédemment) :

1° Province de *Tchi-li*, population contribuable (民丁) *min ting*)... 3,274,870

        Pays de *Foung-tien* ou *Moukden*,   id......... 83,450

           —   *Kirin*   id......... 33,025

2° Province de *Chan-toung*, population contribuable............... 2,278,595

        Soldats contribuables cultivant des terres (*tun ting*)... 26,210

3°   —   *Chan-si*, contribuables............................ 1,727,144

        Soldats contribuables cultivant des terres............. 33,219

4°   —   *Ho-nan*, contribuables............................ 3,094,150

10,550,663

---

[1] *Tchao phi meï hou eulh tchang; hou phi meï hou sse tchang; hoeï chou meï hou pa hou pa chi tchang.*

[2] *Taï-thsing-hoeï-tien*, K. XI, fol. 1-3.

Report, ...10,550,663

5° — *Kiang-sou*, { 1° Contribuables dépendant du Rece- veur-général de *Kiang-ning*. 1,056,930
Soldats contribuables cultivant des terres 33,032
2° Contribuables dépendants du receveur général de *Sou-tchéou*............... 1,599,585
Soldats contribuables cultivant des terres 813

6° — *Ngan-hoéï*, contribuables........................... 1,357,829
Soldats contribuables cultivant des terres............ 40,855

7° — *Kiang-si*, contribuables........................... 2,172,587
Soldats contribuables cultivant des terres............ 6,179

8° — *Fou-kien*, contribuables........................... 706,311
Soldats contribuables cultivant des terres............. 20,426

9° — *Tché-kiang*, contribuables........................... 2,710,312
Soldats contribuables cultivant des terres............. 4,277

10° — *Hou-pé*, contribuables........................... 433,943
Soldats contribuables cultivant des terres............. 719

11° — *Hou-nân*, contribuables........................... 335,034
Soldats contribuables cultivant des terres............. 1,290

12° — *Chen-si*, contribuables........................... 2,150,696
Soldats contribuables cultivant des terres............ 106,963
Chefs de clans mobiles............................... 13

13° — *Kan-sou*, contribuables................ }
Soldats contribuables .... { 368,525

14° — *Sse-tchouan*, contribuables 3,802,629

15° — *Kouang-toung*, contribuables................... 1,142,747
Contribuables noirs (*li-ting*).......................... 1,182
Soldats contribuables cultivant des terres............ 6,736

16° — *Kouang-si*, contribuables....... ....,.. 210,674

17° — *Yun-nân*, contribuables........................... 145,414
Contribuables militaires (*kiun ting*)........ 29,893
Population contribuable à demeures mobiles (*che ting*). 8.394

18° — *Kouéï-tcheou*, contribuables..................... 37,731

Total général des contribuables................... 29,042,492[*]

---

[*] C'est ce recensement par *individu contribuable* qui a servi de base à tous les calculs plus ou moins erronés des écrivains européens sur la population chinoise, depuis l'époque où le P. Amiot le fit connoître dans les *Mémoires sur les Chinois*, t. VI, p. 279, après l'avoir extrait de la première édition de la Grande Géographie impériale *Taï-thsing-i-thcung-tchi* (1744), et que l'on retrouve avec quelques modi- fications dans la seconde édition du même ouvrage (1764). Dans celle-ci, comme dans celle de 1790, la population de certaines provinces est dénombrée en *contribua- bles seulement*, comme, par exemple, la province de *Tchi-li*, qui n'est portée que

[*Texte.*] L'accroissement du nombre des personnes contribuables, par chaque génération, ne fait pas augmenter les impôts. Toute la population doit être inscrite sur des registres particuliers nommés *tsĭ* (籍), lesquels se divisent en quatre classes. Ceux de la première classe sont nommés *Registres du peuple* (民 籍 *min tsĭ*).

[*Comm.*] Les individus de toutes conditions, de tout pays (*litt.* de toutes couleurs), s'ils ne sont ni dépendants d'autres personnes (*hi*), ni inscrits sur les registres des militaires, des marchands, des foyers mobiles, font tous partie des *registres du peuple.*

[*Texte.*] Ceux de la seconde classe sont nommés *Registres militaires* (軍 籍 *kiun tsĭ*).

[*Comm.*] Les feux ou familles militaires forment par conséquent les *Registres militaires;* et même il y a de ces *Registres* auxquels on donne la dénomination de *Registres des préposés à la garde des passages (weï tsĭ).*

[*Texte.*] Ceux de la troisième classe sont nommés *Registres des marchands* (商 籍 *chang tsĭ*).

[*Comm.*] Les marchands, leurs enfants et toute la suite qu'ils emmènent

---

pour 3,404,038 contribuables (人 丁 *jin-ting*) dans l'édition de 1764, et pour 3,504,038 dans l'édition de 1790, tandis que la province de *Kiang-sou*, qui n'est portée que pour 3,305,584 *contribuables* dans l'édition de 1764, l'est pour 25,049,528 *contribuables* et *bouches* dans l'édition de 1790. La différence énorme des deux nombres, à moins de 30 ans de distance, pour la même province, ne peut se justifier que par la différence de *base* du dénombrement, de même que la différence de nombre de cette même province de *Kiang-sou* avec celle de *Tchi-li*, qui étoit plus peuplée en 1744 et 1764. On a cependant additionné ensemble ces *deux espèces* de dénombrement pour obtenir un chiffre général mensonger de la population de la Chine, d'environ 145,000,000. Voyez les ouvrages cités de Morrison, P. P. Thoms et Klaproth. Le P. Amiot, pour obtenir son chiffre de 142 et de 149,000,000, avoit multiplié le chiffre de 29,042,492 par 5, qu'il considéroit comme le multiplicateur approximatif propre à obtenir le chiffre de la population générale, comme étant le chiffre moyen des membres de chaque famille; ce qui ne donnoit encore qu'un chiffre vague de cette même population.

avec eux en parcourant les provinces dans lesquelles ils se partagent. Ce sont ceux qui forment les *Registres des marchands*.

[*Texte.*] Ceux de la quatrième classe sont nommés *Registres des foyers* (竈籍 *thsao tsi*).

[*Comm.*] Les feux des familles des foyers [1] forment les *Registres des foyers*.

[*Texte.*] On recherchera avec soin quels sont les auteurs des personnes de ces différentes classes et quelles habitations elles occupent.

[*Comm.*] Les individus qui forment la population (*jin-hou*) doivent être inscrits sur les *Registres publics*, là où ils font leur séjour, où ils ont leur habitation, dans les régions et les localités où ils sont établis, où ils ont les tombeaux de leur famille, leur retraite, et où ils ont déjà passé vingt années. S'ils quittent leur famille pour occuper des emplois publics et qu'ils acquièrent de l'éclat et de la renommée, ils cessent d'appartenir au Registre de leurs auteurs. Si un lettré quitte sa magistrature ou son mandarinat, il ne lui est pas permis de résider dans une province différente de la sienne; si les auteurs d'une famille ne sont plus, et que les fils et petits-fils de ces auteurs demeurent dans d'autres provinces où ils possèdent des terres et payent des contributions personnelles et foncières, s'ils désirent être inscrits sur les *Registres* (des localités où ils se trouvent), que cela leur soit accordé. Les fils et petits-fils des militaires ainsi que de ceux qui n'ont point de position fixe, pour qu'ils puissent également être inscrits sur les Registres, il faut qu'ils soient soumis à un examen approfondi, et ils ne pourront être placés sur les Registres qu'après une résidence complète de dix années dans la localité. C'est par cette adjonction (aux Registres de la population) que les gouverneurs et lieutenants gouverneurs de province font parvenir au Ministère des informations exactes.

Les marchands et négociants qui habitent le pays de *Foung-thien* (ou Moukden), et se livrent au commerce d'échange, ne sont pas astreints à se faire inscrire sur les Registres d'une localité fixe et déterminée. Les étrangers *I* de *Gan-tcha* et *Gan-nán*, de la province de *Kiang-sou*, auxquels on a accordé la faculté d'entrer sur les terres des fonctionnaires publics ou Mandarins (pour les cultiver), si on leur permet de se marier avec des filles des habitants indigènes, seront inscrits sur les *Registres publics* de la population. Les étrangers *fan* ou thibétains des huit camps retranchés de la tribu *liang-hoang* du *Sse-tchouan*, doivent se faire inscrire sur les *Registres du peuple* de l'arrondissement de *Méou*, en qualité de commissionnés ou employés du gouvernement (*Tchang-tchaï*).

---

[1] Voy. ci-devant, p. 5.

[*Texte.*] On déterminera avec exactitude la parenté ascendante et descendante de ceux qui sont inscrits sur les registres des contribuables.

[*Comm.*] Les personnes sans enfants sont autorisées à adopter toute une parenté, pour rétablir entre elles les rapports sociaux qui existent entre les père et mère et les enfants (*tchao-méou*), et ces devoirs réciproques entre les parents, afin de perpétuer leurs familles. D'abord il faut que les père et mère, et les plus proches parents (des enfants adoptés), n'existent plus ; en second lieu, il faut que ces enfants, étant plongés pour ainsi dire dans le sein des *cinq sortes de deuil* (*ou fou tchi neï*), soient dépourvus de tout. Dans ces circonstances, il est permis à des personnes sans enfants de choisir et d'adopter une famille éloignée. Il en est qui choisissent et adoptent des personnes sages sur lesquelles ils puissent reporter leurs affections, et les aimer en même temps que leurs proches, pour ne pas être privés des rapports et des dispositions de famille ; à ceux-là il n'est pas permis de désigner l'adopté comme membre de leur parenté [1], afin de ne pas donner lieu, dans l'ordre régulier de leur succession, à des discussions fâcheuses et à des querelles, etc.

[*Texte.*] On classera toutes les personnes inscrites en *honorables* et *viles* (良賤 *liang-tsien*).

[*Comm.*] Les quatre sortes de population (énumérées précédemment) sont *honorables* (*liang*). Les esclaves (奴 *nou*), les serviteurs à gages (僕 *pou*h), ainsi que les courtisanes (娼 *tchan*), les acteurs et actrices (優 *yéou*), étant astreints à des services publics, sont *vils* (*tsien*). Dans les provinces de *Chan-si* et du *Chen-si*, les familles désignées sous le nom de *familles de plaisir* (樂戶 *yo hou*); dans celle de *Kiang-nan*, les familles désignées sous le nom de *familles mendiantes* (丐戶 *kaï hou*); dans celle de *Tché-kiang*, la population que l'on nomme *désœuvrée, fainéante* (惰戶 *to hou*), toutes ces familles, avant et après les première, septième et huitième années *young-tching* (1723, 1729, 1730 de notre ère), furent placées sur les Registres des personnes viles, etc.

[*Texte.*] Les registres d'inscription des aventuriers (冒籍 *mao tsi*), ceux des passagers (跨籍 *koua tsi*), ceux des individus qui traversent les frontières et logent dans les auberges, seront tenus avec beau-

---

[1] *Pou hiu tsong tsouh tchi.*

coup de surveillance. Chaque chef de section (保
甲 *pao-kia*) préposé à la garde des listes de recensement étant pourvu des écriteaux attachés aux portes
de chaque famille (門 牌 *men païe*), écrira le nom
du chef de ces familles avec le nombre des contribuables mâles, et chaque année il fera à ses registres
les changements convenables [1]. Dix familles constituent un *païe* (ou rôle de porte), chaque *païe* a un
chef *théou*; dix *païe* forment un *kia* (ou *décurie*),
chaque *kia* (ou *décurie*) a un ancien (*tchang*) qui
est à sa tête; dix *kia* font un *pao* (ou *centurie*),
chaque *pao* (ou *centurie*) a un directeur (ou *centu-
rion*) [2]. Ces magistrats populaires surveilleront atten-
tivement les infracteurs des lois; dans les limites de
leur autorité, ils ordonneront que ceux qui commet-
tent des actions vicieuses soient punis.

Les bâtiments servant de marchés dans les villes,
les logements de troupes dans les bourgades et les
villages, les foyers des employés aux exploitations
du sel, les abris ouverts des mineurs, les temples et
les monastères (des sectes de la *Raison* et de *Boud-*

---

[1] Le Commentaire ajoute qu'il en éliminera ceux qui seront partis et qu'il y fera
entrer ceux qui y seront venus. Si une famille change de résidence, il en informera
en temps convenable ceux qui dirigent les inscriptions des portes.

[2] Les noms de 牌 頭 甲 長 保 正 *païe*, de *théou* (chef), de
kia, de *tchang*, de *pao*, de *tching*, sont des noms de magistratures publiques et gra-
tuites créées pour diriger et administrer le peuple, et pour faire connoître la véritable
situation des choses. Ceux qui possèdent en propre leurs personnes et des maisons
(les hommes libres et propriétaires) remplissent ces fonctions, qui cessent à la fin de
chaque année, époque où on les renouvelle. (*Commentaire.*)

dha non protégées par l'État), les boutiques élevées sur les berges des fleuves et des rivières, les huttes situées dans les montagnes, les réduits d'une simple ouverture, les habitations des défilés des frontières, seront tous immatriculés (編 *pien*); les bâtiments maritimes et autres seront aussi enregistrés et placés sous la surveillance des *kia* ou *décurions*.

II.

RECENSEMENT DES TERRES.

[*Nota.* Avant de donner le recensement des terres, le *Hoeï-tien* (K. XI, f° 9) indique les positions de *Pé-king*, des dix-huit provinces et des principaux lieux de ces mêmes provinces, en degrés de longitude et de latitude, ces derniers comptés par la hauteur du pôle. Nous croyons inutile de reproduire ici ces positions].

[*Texte.*] Toutes les terres cultivées sont appelées *champs* (田 *tien*); les champs se nomment aussi *terres* (地 *thi*).

[*Comm.*] Dans les contrées méridionales, par exemple, les champs cultivés dont le sol est bas sont des *tien*, *champs*; ceux dont le sol est élevé se nomment *thi*, *terres*. Dans les contrées septentrionales, les champs aqueux sont des champs; tout le reste du sol est désigné par le nom de *thi*, *terres*, etc.

[*Texte.*] La totalité des champs et des terres forme plusieurs divisions.

1° Il y a le *champ du peuple* (民田 *min tien*).

[*Comm.*] Parmi le peuple, ce qu'il possède perpétuellement est sa propriété; ce qu'on est autorisé à acheter et à vendre constitue le *champ du peuple*.

2° Il y a les terres apanagères (*kang ming thi* 更名地).

[*Comm.*] Ce sont les terres distribuées, du temps des premiers *Ming*, à des étrangers pour subvenir à leur subsistance.

3° Il y a les champs des colonies militaires (屯田 *tun tien*). ·

[*Comm.*] Ce sont des champs situés dans des localités où des troupes sont stationnées pour la garde du territoire. Il y en a qui servent à payer en argent et en nature les commandants des lieux à protéger. Il y en a dont le produit réalisé retourne aux magistrats des arrondissements et des cantons. Les uns et les autres sont des *champs de colonies militaires* (*tun tien*). Ces champs ayant été successivement cultivés (par la troupe), sont aussi nommés *terres concédées aux troupes* (*chen kiun thi*). Ces terres sont situées dans les districts de *I-lï*, de *Ou-rou-mou-tsi*, de *Pa-li-chin*, de *Tour-fan*, de *Ha-mi*, de *Tou-pou-to* et ailleurs. ·

4° Il y a les terres des foyers (竈地 *thsao thi*).

[*Comm.*] Les terres qui produisent de grands roseaux dans les provinces de *Chan-toung*, de *Tche-kiang*, de *Fo-kien*, de *Kouang-toung*, terres dont l'impôt se paye par foyer, sont appelées *terres des foyers*.

5° Il y a les terres des bannières (旗地 *ki thi*).

[*Comm.*] Ce sont les terres que sèment les habitants des bannières des quatorze villes de *Ching-king* (ou pays de *Moukden*), ainsi que les terres situées dans un rayon rapproché de la capitale, lesquelles terres sont données à ferme aux bannières qui y tiennent garnison. Les unes et les autres sont appelées *terres des bannières*. *Foung-thien* (le territoire de *Moukden* proprement dit) et le *Chan-si* eurent d'abord des terres appartenant aux bannières; elles furent ensuite données à cultiver et à ensemencer au peuple : on nomme celles-ci *terres qui ont fait retour dans un rayon déterminé*.

6° Il y a les champs fertiles (du domaine privé) (莊田 *tchouang tien*).

[*Comm.*] Les terres affermées par le conseil du domaine privé de l'empereur, pour en retirer un revenu en nature, sont des *champs fertiles*. Il y en a dans les arrondissements et cantons voisins de *Pé-king*, et chaque ville de la province de *Ching-king* (ou *Moukden*) en possède.

7° Il y a les terres données gracieusement (par les empereurs) (恩賞地 *ngaï tchang thi*).

[*Comm.*] Le fondateur de la dynastie (régnante), dans les arrondissements et cantons voisins de *Pé-king*, donna des terres aux huit bannières pour y placer et entretenir leurs chevaux. Ensuite les bannières étant venues à se disperser, les établissements abandonnés ne servant plus à aucun usage, les successeurs du fondateur de la dynastie très-pure donnèrent les terres à cultiver

2

au peuple. Ces terres changèrent alors de nom pour porter celui de *terres données gracieusement par le souverain*.

8° Il y a les terres des bergers (牧地 *mou thi*).

[*Comm.*] Ce sont les terres de rebut, propres au pâturage des moutons, situées dans les provinces de *Tchi-li* et de *Chan-si*, ainsi que d'autres situées au delà des frontières, etc.

9° Il y a les terres d'inspection (監地 *kien thi*).

[*Comm.*] Le fondateur de la dynastie régnante, pour se conformer à l'administration de la dynastie *Ming* (qui l'avait précédée), établit dans la province de *Kan-sou* sept grandes ménageries pour y élever des chevaux. Ensuite ces établissements ayant été supprimés, on donna les terres qui en dépendaient au peuple pour les cultiver. Ce sont les *terres d'inspection*.

10° Il y a les champs communs (公田 *koung tien*).

[*Comm.*] La province de *Kiang-sou* en possède. Chacune des autres provinces a aussi des terres qu'elle possède de fondation, telles, par exemple, que des terres entourées de clôtures et plantées d'arbres, des terres destinées à l'entretien des communautés. En outre, dans le district de *Kirin*, dans celui du *Fleuve du Dragon noir* (*Saghalien-ou-la*, dans la *Mantchourie*), on a donné à la population robuste des terres à ensemencer. On les nomme aussi *champs communs*.

11° Il y a les champs des études (學田 *hio tien*).

[*Comm.*] Dans chaque province il y a des établissements pour l'instruction publique, qui ont des champs destinés à l'entretien de ces études ; ces champs servent à la dépense commune de tous ceux qui font leurs études dans ces établissements. Les provinces de *Tchi-li*, de *Chan-toung*, de *Kiang-sou*, de *Ngan-hoeï*, de *Kiang-si*, de *Fou-kien*, de *Tche-kiang*, de *Hou-pe*, de *Hou-nán*, de *Sse-tchouan*, de *Yûn-nán*, ont constitué de pareils champs destinés à l'enseignement ; ces champs rentrent par conséquent dans le nombre des *champs du peuple*. Les provinces de *Chan-si*, de *Ho-nán*, de *Chen-si*, de *Kan-sou*, de *Kouang-toung*, de *Kouang-si*, de *Kouei-tchéou*, ont des champs destinés à l'enseignement public en dehors et à part des *champs du peuple* ; c'est autant d'épargné aux produits des *champs du peuple*.

12° Il y a des champs de secours (賑田 *tchin tien*).

[*Comm.*] La province de *Kouei-tchéou* en possède.

13° Il y a les champs des grands roseaux (蘆田 *lou tien*).

[*Comm.*] Dans les provinces de *Kiang-sou*, *Ngan-hoeï*, *Kiang-si*, *Hou-pe*, *Hou-nan*, sur les bords des fleuves et des rivières, il y a des terrains qui, selon les saisons, sont inondés par les eaux ; on les nomme *champs des grands roseaux*.

[*Texte.*] Tous ces terrains ont été mesurés et il en est résulté que le nombre réel des *king* 頃 et des *méou* 畮 qu'ils contiennent a été inscrit sur les registres de recensement. Dans tous ces terrains mesurés, cinq *tchi* (ou pieds 尺) font un *arc* (弓 *koung*) ; deux cent quarante *koung* font un *méou* ou arpent.

[*Comm.*] Le 畮 *méou* est un carré de quinze *pou* 步 (ou *koung* = 24 mètres 975 millimètres, ou 623 mètres 75 centimètres), et encore de quinze *pou* et 31 fractions de *pou*.

[*Texte.*] Cent *méou* font un *king* [1].

[*Comm.*] Le *king* est un carré de cent quatorze *pou* (environ 190 mètres de chaque côté), et encore de deux cent quatre-vingt-quatre *pou* (473 mètres) et 309 fractions de *pou*.

[*Texte.*] Toutes les provinces et toutes les villes

---

[1] Il résulte de ce texte officiel que le *king* chinois doit équivaloir à 6 hectares 65 ares 32 centiares, en prenant pour base la valeur de 0 m. 333 mm. pour le pied (*tchi*) employé par le gouvernement chinois. Le *koung* (ou *pou*) vaudroit alors 1 m. 665 mm., et en carré 2 m. 772 mm. Le *méou* vaudroit 665 m. c. 328 mm., et le *king* 66,532 m. c., ou 0 hect. 65 ar. 32 cent. Cependant, d'après le commentaire chinois, les *king* n'auroient pas tous la même étendue ; il y en auroit de 114 *pou* (le *pou* vaut le *koung*, 1 m. 665 mm.), et d'autres de 284. Les premiers ne contiendroient que . . . . 3 hect. 60 ar. 28 cent.,
et les derniers . . . . . 22 » 35 » 96 »
ce qui établiroit une énorme différence dans la valeur agraire du *king*.

prises ensemble contiennent en nombres
ronds et en champs cultivés............ king. méou. 7,015,251 96 *

[*Comm.*] Les *champs* et les *terres* de chaque province réunis
ensemble. Chaque année, les terres livrées nouvellement à la
culture donnent un accroissement de sol cultivé. On rapporte
ici la liste énumérative qui fut présentée à l'empereur *Kia-king*,
la 17e année de son règne (1812 de notre ère).

	king.	méou.
1° *Tchi-li*, Champs du peuple....... .... } ensemble...... Champs des colonies militaires.... {	684,726	59
Terrains couverts momentanément par les fleuves et rivières..	13	93
Terres des huit bannières.........................	37,333	21
Pour les quatre bannières de l'aile gauche des *Tcha-ho-eurh* (de la Mongolie), et pour la moitié de la première bannière jaune de l'aile droite ; en outre, les terrains pris sur les eaux du fleuve dans le district de *Foung-hien*, et livrés à la culture...	4,925	29
Champs et terres du domaine privé et des mandarins..	19,674	86
Terres restant à la disposition du peuple....	13,389	13
Terres qui ont fait retour au peuple dans un rayon déterminé...................................	7,566	91
Terres des bannières.....	146,505	88
Terres de surplus laissées aux bannières............	18,238	52
Terres du domaine privé et des mandarins.........	7,146	97
Terres encloses (pour les usages privés ou pour les sépultures)...................................	265	32
	939,786	61

---

* En adoptant les bases métriques de la note précédente, le nombre total des
champs cultivés en Chine, en 1812, seroit de 52,661,753 hectares. Ce chiffre, qui est
en rapport avec la surface totale de la Chine (333,000,000 hect.), comme environ
1 à 6, doit être très-inférieur au chiffre réel des terres cultivées. La cause de l'erreur
se trouveroit alors, ou dans une fausse déclaration par les cultivateurs, à l'autorité
chinoise, des terres qu'ils cultivent, ou dans une fausse appréciation de la valeur
en mesures européennes des mesures agraires des Chinois. La première cause d'erreur est plus-probable que la seconde. Cependant, si, comme on a pu le voir par la
note précédente, il y a en Chine des *king* de 3 hect. 60 ares, et d'autres de 22 hect.
35 ares, il pourroit se faire que le nombre d'*hectares* compris dans le recensement
fût beaucoup plus considérable. En prenant pour valeur du *king* la moyenne entre
3 hect. 60 ar. et 22 hect. 35 ar., on auroit le chiffre de 12 hect. 97 cent. par *king*, ce
qui élèveroit le nombre total des terres cultivées en Chine en 1812 à 102,660,818 hectares.

Report....................	939,786	61
Terrains de pâturage, *ou des bergers*.............	3,219	31
Possessions du district de *Kirin*, à *Ning-eu-ta* (*Ning-goula*), *Pé-tou-na;* dans les trois clans des *Ho-eurh-tsou* (*Ortsou*), de *Ke-la-lin* (*Keralin*) :		
a champs du peuple.............	14,382	51
b champs communs.............	540	»
c champs communs dans le district de *Hé-loung-kiang* (*Saghalien-oula*).............	816	»
Total général pour la province de *Tchi-li* et ses dépendances.	958,743	43
2° *Chan-toung*, Champs du peuple.........................	956,471	61
Champs des colonies militaires................	29,455	18
Champs des études...........................	418	32
Total général.....................	986,345	11
3° *Chan-si*, Champs du peuple........	497,497	80
En outre, terrains élevés, jamais arrosés par des eaux courantes, 16 *chang* [1].		
Terrains montagneux, 1 *tso* [2].		
Champs des colonies militaires....................	29,811	03
Terres qui ont fait retour au peuple..............	513	21
Terres concédées à l'armée.....................	5,549	92
Terres de fondation appartenant à *Taï-youan-fou*...	69	44
Terres non inscrites (*Khé-ngaï*), appartenant aux deux départements de *Taï-thoung*, et de *Sou-ping*.	767	52
Terres devenues pures du département de *Taï-thoung*..........................	117	52
Champs d'études (ou appartenant aux établissements d'instruction publique).................	277	98
Terres des quatre bannières de l'aile droite, des six bannières de la garde de droite de *Tcha-ho-eurh;* des *Taï-po* et autres du même genre, ainsi que les pâturages des bergers de la montagne *très-verte*..	18,608	11
Total général.....................	553,212	50

---

[1] 晌 Nous ignorons la valeur agraire de ce terme qui signifie ordinairement *midi*.

[2] 座 Idem.

4° *Ho-nán*, Terres du peuple..	639,765	43
Champs donnés à des étrangers (*King-ming-tien*)...	21,264	07
Champs des colonies militaires......................	60,044	19
Champs des études..................................	72	23
Total général.....................	721,145	92

5° *Kiang-sou*, I. Champs du peuple, dépendants du receveur général de *Kiang-ning* (ou *Nan-king*)......	401,943	26
Champs des colonies militaires (id.)......	23,007	31
Terrains des fossés de la ville, d'origine très-ancienne, de *Kiang-ning* ou *Nan-king* (id.)	505	53
Champs des hauts roseaux (id.).......	35,410	42
II. Champs du peuple, dépendants du receveur général du département de *Sou-tchéou*....	245,522	04
Champs des colonies militaires (id)......	2,862	47
Champs communs dans le district de *Ou* (id.).	125	09
Champs des hauts roseaux (id.)......	11.518	14
Total général.....................	720,894	86

6° *Ngan-hoeï*, Champs du peuple.......................	340,905	35
Champs des colonies militaires.................	41,686	50
Champs des hauts roseaux......................	31,544	72
Champs des études.............................	232	18
Total général.....................	414,368	75

7° *Kiang-si*, Champs du peuple.......................	462,408	33
Champs des colonies militaires...................	5,711	68
Champs des hauts roseaux.......................	4,621	06
Total général.....................	473,741	07

8° *Fou-kien*, Champs du peuple.......................	128,629	19
Champs des colonies militaires..............	7,875	10
Champs de *Nán-gao* (ports méridionaux) et de *Yun-thsing-gao*......	32	33
Champs de *Taï-wan-fou* (île de Formose), enclos.	2,907	21
Il y a en outre 57,884 *kia*. (?)		
Total général.....................	139,433	83

9° *Tche-kiang*, Champs du peuple.......................	459,449	90
Champs des colonies militaires...............	1,173	04
Terres vaseuses et sablonneuses...............	4,380	75
Total général.....................	465,003	69

10° *Hou-pe*, Champs du peuple.............................. 568,095 33
Champs des colonies militaires.................. 20,471 70
Champs des hauts roseaux....................... 15,718 53

Total général.................... 605,185 56

11° *Hou-nân*, Champs du peuple.............. .... 278,063 04
Champs donnés à des étrangers................. 3,991 56
Champs des colonies militaires................. 30,988 12
Champs des hauts roseaux....................... 2,773 24

Total général.. .... 315,815 96

12° *Chen-si*, Champs du peuple... .... 258,572 53
Champs des colonies militaires....... .... 40,074 23
Terres des départements de *Foung-tsiang*, de *Han-
tchoung*, de *Hing-ngan*, du district de *Tchang-
ngan*, abandonnées par les torrents et devenues
productives....................................... 9 16
Terres données autrefois à des étrangers........... 8,063 85
Champs appartenant aux établissements d'instruction publique....................................... 55 45

Total général.................... 306,775 22

13° *Kan-sou*, Champs du peuple...... .... 113,176 70
Terres des colonies militaires................... 96,412 43
Terres concédées autrefois à des étrangers....... 13,418 12
Terres destinées à entretenir des communautés... 1,849 40
Terres d'inspection (*Kien-thi*)................ ... 1,764 62
Terres des *fan* (étrangers limitrophes) dans les
quatre départements de *Lan-tchéou*, de *Koung-
tchang*, de *King-tchéou*, de *Si-ning*.......... 906 63
Plus, 216,514 parcelles (formant chacune moins d'un
méou).
Champs des études............................. 313 45
Champs du peuple dans l'arrondissement de *Ti-
hoa*, du département de *Tchin-si*.............. 9,552 24

Total pour la province propre..... 237,393 59

[*Dépendances extérieures.*]
Champs cultivés par des colonies militaires
à *Pa-li-kouan*..... 303 36
Champs   —   à *Ha-mi*........... 113 »
Champs   —   à *Tourfan*........ 147 »

563 36

		Report.....................	503	36
Champs	—	à *Ouroumoutsi*....	354	44
Champs	—	à *I-li* et à *Lou-ying-chi-pa*.	396	»
Champs	—	à *Tarpango-taï*....	141	20
Champs	—	à *Karachar*........	83	33
Champs	—	à *Ou-chi*.........	50	»

Total pour les colonies militaires extérieures... 1,588 33

14° *Sse-tchouan*, Champs du peuple...... 462,798 93

Champs d'automne cultivés par des soldats.... 134 96

Champs à légumes du département de *Ning-youan*.................................. 523 54

Champs de colons militaires, au nombre de cinq, du district indépendant de *Méou-koung*, et champs des territoires nouvellement conquis.................................. 1,842 73

Terrains destinés au pâturage des chevaux.... 171 18

Total général...................... 465,471 34

15° *Kouang-toung*, Champs du peuple............ 314,909 49

Champs des colonies militaires........... 5,287 70

Champs des études...................... 151 16

Total général...................... 320,348 35

16° *Kouang-si*, Champs du peuple............ 89,596 »

Champs comptés en *pé* (*tun-pé*) 22 *pé*. (?)

Champs comptés en *weï* (*Tien-weï*) 6,623 *weï*. (?)

Champs de première qualité pour 339 portes ou familles.

Champs de fonctionnaires publics............ 30 36

Champs des études........................ 134 07

Total général...................... 89,760 43

17° *Yun-nán*, Champs du peuple................ 83,974 54

Champs des étrangers *I*, 882 parcelles.

Champs des colonies militaires.............. 9,150 48

Champs de la justice...................... 13 38

Champs d'étrangers, 2 parcelles.

Champs des études....................... » 90

Champs à des étrangers, I parcelle.

Champs de la justice et des études............ 2 15

Terrains pour pâturage et exercice des chevaux.. 9 81

Total général...................... 93,151 26

	king	méou
18° *Koueï-tchéou*, Champs du peuple	25,988	76
Terrains vagues	863	96
Champs des colonies militaires	631	56
Champs de secours	131	36
Champs des études	44	43
Champs du pays de *Kopto*, dépendants du commandement du lieutenant général des frontières	115	83
Total général [1]	27,775	90

[*Nota.* Le *Hoeï-tien* donne ensuite (*kiouan* XI , f° 13) la contenance très-minime des terrains interdits au public, comme les lieux consacrés, etc. Il donne aussi la quantité des parcelles de terre des 18 provinces , qui constituoient des fractions de *méou;* ces parcelles forment à peine quelques *méou* pour plusieurs provinces. Nous n'avons pas cru devoir les rapporter ici. Vient ensuite l'énumération des terres exemptées d'impôt (*Mien-ko*); il y en a dans chaque province, dit le Commentaire, lesquelles terres sont consacrées aux génies des montagnes et des rivières, aux écoles publiques, aux temples , aux tombeaux élevés en l'honneur des saints et des sages de l'antiquité; en un mot, ce sont tous les terrains des temples, des monastères , des tertres où l'on offre des sacrifices , des sépultures , des lieux consacrés à honorer les ancêtres, et qui ne sont point frappés d'impôts : en voici l'énumération :]

	king	méou			k.	m.			k.	m.
1° *Tchi-li*	19	64		6° *Ngan-hoeï*.	13	13				
Foung-tien.	1	41		7° *Kiang-si*...	14	31				
2° *Chan-toung*.	98	96	} 369 26	8° *Fou-kien*...520		55	} 655 95 =	1,025	21	
3° *Chan-si*	38	67		9° *Tche-kiang*.	76	54				
4° *Ho-nán*	101	74		10° *Chen-si*	16	23				
5° *Kiang-sou*	108	84		11° *Sse-tchouan*.	15	19				

· En outre , il y a encore : 1° Les terres plantées d'arbres consacrées à la mémoire de Koung-tseu, ainsi que les terrains primitifs et de fondation sur lesquels sont élevés des temples en l'honneur de ce philosophe , ci. 21 54

2° Les terrains continuellement soutenus par des moyens artificiels. 11 14

        32 68

---

[1] Le chiffre des 18 provinces , que nous avons additionnées séparément , ne s'élève qu'à 7,896,153 *king* et 1 *méou*, tandis que le *Hoeï-tien* donne un total (voy. ci-dessus) de 7,915,251 *king* et 96 *méou*, ce qui fait une différence en plus de 19,098 *king* 95 *méou*. Il est probable que cette différence vient des quantités *non additionnées* par nous dans les provinces de *Chan-si* , de *Kouang-si* et de *Yun-nán*, faute de connoitre la valeur des mesures locales indiquées.

Report..................... 32 68

3° Les champs consacrés à des sacrifices publics en l'honneur des saints les plus éminents................................... 2,157 50

4° Les champs d'études affectés aux écoles des quatre familles... 50 »

5° Les champs de sacrifices, de sépultures, de temples consacrés à des saints....................................... 54 15

6° Champs de sacrifices, de sépultures, de temples en l'honneur des saints ancêtres....................................... 62 14

7° Champs de sacrifices consacrés aux saints de second ordre.... 59 76

8° — — consacrés à d'anciens sages.............. 76 56

9° — — consacrés au saint primitif *Tchéou-kong* [1]. 50 »

Total général......................... 2,541 79

Dans chacune des provinces de l'Empire, si la population lettrée vient à éprouver des malheurs et tomber dans le besoin, on la place dans les habitations qui sont attenantes aux temples et aux sépultures (énumérées ci-dessus), et ils s'entretiennent avec les champs qui en dépendent.

[*Texte.*] On ne donne pas ici la contenance des terrains que l'on s'est épargné la peine de mesurer, de ceux qui ont été exceptés, ni de ceux qui servent aux pâturages des bergers nomades.

Le Commentaire ajoute que les terres que *l'on s'est épargné la peine de mesurer* sont celles des familles *fan* ou des étrangers voisins, dépendants des provinces de *Kan-sou* et de *Sse-tchouan;* celles des familles étrangères *I* du *Yun-nân;* celles des familles mahométanes de chaque ville close de la route méridionale de *I-li;* les champs du peuple, des colonies militaires, des fonctionnaires publics, omis dans l'énumération (donnée précédemment) et d'une culture très-difficile, et qui, par cela même, sont placés en dehors de ceux qui rapportent des produits imposables. Les terres qu'ensemencent les étrangers barbares *fan* et *I*, de même que celles des musulmans, comptent toutes dans des familles qui donnent des tributs en nature; on s'est épargné la peine d'en déterminer la contenance.

Les terrains clos et plantés d'arbres *mou-lân*, ceux d'au delà des frontières, situés dans le pays de *Moukden*, de *Ki-rin* et autres lieux perdus dans les montagnes; tous les terrains qui dépendent des trois tribus de *Pou-te-go, Ning-kou-tcha*, et autres lieux, sont des terrains nouvellement ouverts à la culture et *non compris* dans l'énumération des terrains mesurés.

---

[1] Voy. sur ce personnage éminent, qui vivoit dans le IIe siècle avant notre ère, le Ier volume de notre *Description de la Chine*, p. 84 et suiv.

Les terres des *Moung-kou* imposés, des habitants du district de *Tchang-tchun*, de celui de *To-lun-no-eurh*, de celui de *Tchao-yang*, de celui de *Tchi foung*, de celui de *Kien-tchang*, de l'arrondissement de *Ping-youan*, avec les territoires des villes réunies et soumises des *Tcha-sa-khe* (*Tchassack*), *Moung-kou*, intérieurs et extérieurs; les pâturages des bergers nomades de tous les *Tcha-go-eurh*, *Mé-le-so-lun*, *Ta-hou-eurh-pa*, *Eurh-hou-nghé-lou-te*, *Ming-ho-te*, *Tcha-go-isin*, *Ou-liang-haï*, *La-lin* et autres, qui tous appartiennent au *Li-fan-youan* (ou *Bureau des états dépendants*); en outre, les pâturages du *Ta-ling-ho* (ou du *fleuve aux grands Glaçons*), de *Chang-tou-ta*, de *Pou-sun-no-rh;* ceux de *Ta-li-wang-aï;* les pâturages de bœufs et de moutons des trois bannières du *Nei-wou-fou* (ou *bureau des affaires du Palais impérial);* les pâturages appartenant aux princes et aux rois (*wang, koung*) des huit bannières; ceux de *Kopto*, de *Tcha-eurh-pa-o-taï*, de *I-li*, de *Pa-li-tchin*, de l'arrondissement de *Si-ning-sou*, de *King-tchéou*, *Kan-tchéou;* tous ces terrains, de peu de valeur, partagés et divisés entre des familles qui les possèdent de fondation, n'ont pas été mesurés et énumérés en *King* et en *Méou*.

III.

RÉPARTITION DES IMPÔTS.

[*Texte.*] Les impôts et les charges publiques seront également répartis dans tout l'Empire. Tous les impôts et toutes les charges publiques sont soumis à des lois; chaque particulier doit déclarer exactement le nombre des contribuables qui dépendent de lui (*ting*), et la quantité de ses terres; les uns et les autres seront distribués en *ko* et en *tseu* [1] (matière contribuable et matière imposable), sans quoi les délinquants seront passibles des peines du fouet.

[*Comm.*] Les *Ko-tseu* embrassent les listes complètes des contributions et des charges publiques. On en obtient l'état véritable par la connoissance des changements qu'ils subissent; c'est alors seulement que l'on fait la répartition des impôts et charges publiques, proportionnellement au nombre des contribuables (*ting*) et à la quantité des terres. Pour que le bas peuple (*pie min*) ne trompe pas, on a établi la loi qui rend passible de la peine du fouet ceux qui seroient reconnus en contravention.

科則

[*Texte.*] Voici l'énumération de tous les impôts : Il y a l'impôt de la terre (地賦 *thi fou*).

[*Comm.*] C'est un impôt qui date de la répartition originaire (de la dynastie régnante) que l'*impôt de la terre*. Il y a la contribution d'été (*hia chouï*); il y a la contribution d'automne (*tsieou-liang*); il y a la prestation pour les troupes ; il y a la contribution mixte (*tsi-tching*).

La contribution d'été consiste en blé et en cocons de soie ; la contribution d'automne consiste en grains de riz; la contribution mixte comprend du foin et de la paille. Toutes ces contributions se payent en nature.

La contribution militaire se paye en argent. Dans la contribution mixte sont compris les tributs de choses adhérentes au sol, comme du *thé*, de la *cire*, tout ce qui peut servir à l'usage de la médecine et autres objets de ce genre. Ces objets se payent en nature. Les choses mixtes, comme le tribut de papier à écrire et à imprimer, les choses nécessaires à l'accomplissement des sacrifices, les pêches printannières, des victimes, des fruits de bouche et autres objets sont payés en argent. Si l'été s'écoule sans que le tribut de la saison soit payé, alors il continue à être payé par les uns en nature, par d'autres en étoffes de soie et en argent qu'ils donnent en échange de leur prestation en nature. Pour la contribution d'automne, les uns la payent en nature, les autres en argent. Quant à la contribution mixte, on ne lève en nature que ce qui sert à la consommation de l'année. Tout le reste se paye en argent.

[*Texte.*] Il y a l'impôt personnel (丁賦 *ting fou*).

[*Comm.*] C'est un impôt qui date de la répartition originaire (de la dynastie régnante) que l'*impôt personnel*. Les populations (viriles) qui le supportent sont la population des marchés, la population des bourgs et villages, la population riche, la population qui cultive les champs, la population de passage. Chacune de ces populations est classée dans une des trois divisions suivantes dans les rôles : *classe supérieure*, *classe moyenne*, *classe inférieure*. En outre, une division générale est encore établie entre la population qui a atteint l'âge de la contribution personnelle et celle qui ne l'a pas encore atteint. La première est la population *consommant du sel* ; la seconde, la population de *petites bouches*. On en fait tous les cinq ans le recensement ; chaque année donne un surplus de cette population.

[*Texte.*] En fait de charges publiques, il y a les charges réparties également entre tous.

[*Comm.*] Cet impôt fut établi par une loi dans la répartition originaire (de la dynastie régnante) ; il consistoit en un service dû aux fonctionnaires publics, par toute la population qui se trouvoit placée sous leur dépendance. C'étoit le service de force (*li-tcha*). Ensuite, on changea ce service (ou corvée)

de force en une contribution d'argent ; on ordonna d'appliquer cet argent au
service d'aide (*tsou-yu*). Ensuite, on fit encore un nouveau changement : on
préleva cet impôt sur les terres, dont le produit fut également réparti et payé
en argent. Toutes ces charges publiques sont exigées pour pouvoir subvenir,
par une taxe en argent équitablement répartie, à l'entretien et à la nourriture
des serviteurs à gages (des fonctionnaires publics).

[*Texte.*] Il y a le service des postes ou du transport des dépêches du gouvernement, par sections ou
stages déterminés [1].

[*Comm.*] Dans la répartition originaire, le service de poste étoit fait de stage
en stage par des sections de la population. Ensuite, on changea ce mode de
transport, et le service fut imposé à des sections de fonctionnaires publics
chargés de faire exécuter ce service de la poste du gouvernement, moyen-
nant un impôt proportionnel réparti en argent pour cet usage.

[*Texte.*] Les impôts établis proportionnellement à
la quantité de terre que l'on possède, et au nombre
d'individus virils et contribuables dont on répond, se
nomment *tching* (徵) *impôt proportionnel* ; celui
qui n'est pas établi proportionnellement à la quantité de terres que l'on possède et au nombre de contribuables ou individus virils dont on répond, se dit
impôt mixte (雜賦 *tsi fou*) ; l'*impôt mixte* (ou
indirect) est un droit établi sur les produits de diverses natures.

[*Comm.*] *Ching-king* (ou *Moukden*), *Kirin*, *Kiang-sou*, *Ngan-hoeï*, *Kiang-
si*, *Fou-kien*, *Tché-kiang*, *Hou-pe*, *Hou-nán*, *Kouang-toung*, *Sse-tchouan*,
Yún-nán, *Koueï-tchéou*, supportent des droits établis sur la pêche ; *Kiang-
sou*, *Ngan-hoeï*, *Kiang-si*, *Hou-pe*, *Hou-nán*, ont des droits établis sur les
grands roseaux ou *bambous* ; *Chan-si*, *Hou-nán*, *Kouang-toung*, *Kouang-si*,
Yún-nán, *Koueï-tchéou*, ont des droits établis sur les mines ; *Kiang-si*, *Hou-
pé*, *Hou-nán*, le district de *Jin-jang* de *Koueï-tchéou*, ont un droit établi sur
le *thé ;* les droits sur le thé de *Kan-sou* et de *Sse-tchouan* sont compris dans
les prestations en nature de ces provinces perçues pour la table (*de l'empereur*).

---

[1] On peut consulter à ce sujet le chap. V du *Code pénal* de la Chine.

Les droits sur le *thé* de *Kiang-sou*, de *Ngan-hoeï*, de *Tché-kiang*, rentrent dans les taxes des douanes ; le droit sur le *thé* de *Yun-nán* rentre et est compris dans l'impôt territorial de cette province. En outre, les droits sur le sel sont perçus par l'administration des salines (*pour le compte de l'empereur*). Tous ces droits ne sont pas classés dans l'*impôt mixte* (ou *indirect*).

[*Texte.*] Il y a le rentaire ou fermage (租 *tsou*).

[*Comm.*] La province de *Tchi-li* paye le fermage des terres des bannières en argent. Chaque année, ce fermage, proportionnel à la quantité de terres affermées, est recueilli et réparti dans la capitale (entre les bannières).

L'impôt militaire (*ping-ting*), destiné primitivement à récompenser les huit bannières, est consacré dans les districts, cantons, arrondissements et départements de chaque province, à protéger l'instruction ; et, dans tous, cet impôt est appliqué à la possession des *champs d'études* dont le fermage sert à entretenir des maisons d'éducation (*hio-ché*), en même temps qu'à secourir ceux qui vivent dans la pauvreté et le besoin. En outre, les *champs communs* et les *terres communes* de chaque province, les champs des fonctionnaires publics, les terrains clos et les bâtiments de ces mêmes fonctionnaires, avec les boutiques des marchands ambulants de *I-li*, de *Tchar-pa-ngo-taï*, de *Ou-rou-mou-tsi*, de *Tourfan*, de *Késachar*, de *Kou-tche*, de *Aksou*, de *Ou-chi-khé-chi-ki-eurh*, de *Ou-li-yai-sou-taï*, de *Kopto*, de *Tcha-mi-eurh*, payent tous un impôt de fermage.

[*Texte.*] Il y a le droit sur les marchandises (稅 *chouï*).

[*Comm.*] Le droit sur les marchandises (*chouï*) est *mixte* ou de diverses natures. Il y a le droit proportionnel (*tang-chouï*) ; il y a le droit par dent ou tête (pour le bétail : *ya-chouï*) ; il y a le droit de convention (*kie-chouï*) ; chaque province les acquitte comme les impôts directs. Ces droits sont très-complexes dans la répartition originaire. En voici l'énumération : il y a le droit sur les bœufs (*nieou-chouï*), le droit sur les chevaux (*ma-chouï*), le droit sur les ânes et sur les mulets (*lou-lo-chouï*) ; il y a le droit sur les forges (*lou-chouï*) ; il y a le droit sur les boissons fermentées (*tsieou-chouï*) ; il y a le droit sur les canaux (*Ken-chouï*) ; il y a le droit sur l'acier (*tie-chouï*) ; il y a le droit sur le *thé* (*tcha-chouï*) ; il y a le droit sur le bois et les fleurs (*mou-tsien-chouï*) ; il y a le droit sur les foyers (*yen-chouï*) ; il y a le droit sur le bleu de teinture (indigo ? *tien-chouï*) ; il y a le droit sur l'espèce d'orge *kiu*, avec laquelle on fait des liqueurs fermentées (*kiu-chouï*) ; il y a le droit sur le *chi-kao* (pierre huileuse : houille ?) ; il y a le droit de terre morte (*lo-thi-chouï*) sur les emplacements des marchés : tous ces droits sont prélevés et employés selon les temps et les lieux ; ils sont perçus sous la forme d'appendices aux impôts territoriaux et personnels. Quant aux droits de douane exigés à chaque *passage*, ce sont les surintendants des douanes (*kien-touh*) qui les perçoivent (*pour le compte de l'empereur*); ces derniers droits ne sont pas classés dans l'*impôt mixte* (ou *indirect*).

[*Texte.*] Il y a le tribut (貢 *koung*).

[*Comm.*] Chaque barbare ou étranger *fan* de l'île de *Taï-wan* (ou Formose), dépendante de la province de *Fou-kien*, qui rend un culte à un génie *fan*, doit en tribut des peaux de daim ; et la population *fan* ou étrangère de la province de *Kan-sou* doit un tribut de chevaux ; la population *fan* ou étrangère du *Sse-tchouan* doit un tribut de chevaux, de bœufs, de nacre de perle, de peaux de renard ; les chefs indigènes du *Kouang-si* doivent un tribut de chevaux ; les barbares turbulents du *Yun-nán* doivent un tribut de peaux de daim, d'âne des montagnes, de toiles de chanvre et de cire vierge ; les chefs indigènes de *Koueï-tchéou* doivent un tribut de chevaux et de cire ; les populations musulmanes de *Yarkiyang*, de *Ke-chi-ki-eurh* (*Kachegar*), de *Ho-tien* et autres lieux, doivent un tribut d'étoffes d'or (*kin-pou*), de raisins (*pou-tao*), de fils d'or et autres ; tous ces tributs sont susceptibles de perdre de leur prix, et les uns ont changé de valeur lorsqu'ils sont livrés et perçus.

[*Texte.*] Le montant des impôts inscrits sur les rôles, pour toutes les provinces et toutes les villes de l'Empire, s'élève en *argent* à trente-deux millions huit cent quarante-cinq mille quatre cent soixante-quatorze *liang* [1] ou onces d'argent en lingots, et en *monnoies de cuivre* (*pou eurh tsien* [2]), à neuf millions cinq mille six cents,

     ci..... 32,845,474 *liang* (246,341,056 *francs*).

     9,005,600 *tsien* (360,224   »).

[*Comm.*] Les impôts en argent, ainsi que les impôts en nature de chaque province, ne sont pas chaque année intégralement payés ; il en est fait généreusement remise annuellement d'une quantité que l'on ne peut déterminer en

---

[1] Le *liang* 兩 ou *taël* vaut environ 7 fr. 50 c. de notre monnoie. Le *liang* ou *taël* pèse 1 once 208 millièmes ou 36 grammes 752.

[2] Le 錢 *tsien* est la dixième partie du *liang*, ou 0,75 c. Mais ici la *monnoie de cuivre* nommée *pou-eurh* est évidemment le *para* turc, qui est la monnoie dont se servent les populations musulmanes soumises à la domination chinoise, et avec laquelle ces populations payent leurs impôts. Ce *para* vaut 0,4 c. de notre monnoie.

bloc. Voici maintenant la répartition des impôts pour la dix-septième année *Kia-king* (1812) :

IMPÔTS FONCIERS ET PERSONNELS.

en argent
(*liang.*)

1° *Tchi-li*, Impôts fonciers en argent établis sur les *champs du peuple* et sur ceux des colonies militaires : *deux millions vingt mille sept cent quinze liang* ou taëls, ci........ 2,020,715

Impôts personnels établis en argent sur le peuple et sur les colonies militaires imposables..................... 408,795

Impôts mixtes en argent........... 84,164

Impôts en nature établis sur les champs des colonies militaires et soldés en argent (*Tche-yin*)............... 15,602

Fermage en argent des terres inondées temporairement par les courants d'eaux (*Ho-tan-thi*)............... 82

Impôts établis sur les terres des quatre bannières orientales des *Tcha-ho-eurh* (de la Mongolie), ainsi que sur celles de la première moitié de la barrière jaune, qui rentrent dans celles des magistrats; en outre, impôts en argent établis sur les terrains enlevés aux fleuves dans le district de *Foung-hien;* ensemble............. 6,944

Fermage en argent des terres des huit bannières........ 463,043

Fermage en argent des *champs d'étude* et de la justice.. 2,768

Impôts en *tsien* ou monnoie de cuivre 51,400.

FOUNG-THIEN (ou territoire sacré de *Moukden*).

Impôts en argent établis sur les terres du peuple........ 21,593

Impôts en argent sur les terres restant à la disposition du peuple (*Min-yu-thi*)..... 61,350

Impôts personnels établis en argent sur le peuple........ 14,817

Impôts en nature, mais payés en argent, établis sur les terres qui ont fait retour (au peuple) dans un rayon déterminé..................................... 7,945

Impôts en argent établis sur les terres de surplus laissées aux bannières..................................... 99,480

Impôts établis en nature, mais payés en argent, établis sur les terres du domaine privé et des fonctionnaires publics.................. 1,245

Impôts établis en argent sur les propriétés closes.. 2,122

Impôts en argent établis sur les terrains de pâturages pour les chevaux................... 12,877

Impôts mixtes en argent............................. 12,621

Impôts mixtes établis sur les villes murées de *Kaï-youan* et autres; taxes en argent sur les marchandises qui sont transportées sur le *Kiang*..................... 15,196

____

3,252,249

	(*liang.*)
Report....................	3,252,249

Impôts en argent établis sur les terres du peuple dans les possessions du district de *Ki-rin*, à *Ning-kou-ta*, *Pé-tou-na* (*Bédouné*), dans les trois clans des *Ho-eurh-tsou* (*Ortsou*), de *Ke-la-lin* (*Kéralin*)..................... 55,409

Impôts personnels (aux mêmes lieux) payés en argent... 6,692

Impôts en riz non mondé, payés en argent........... 24,398

Droits mixtes, payés en argent, établis sur les marchandises.................................. 6,189

Impôts mixtes, payés en argent, établis sur les villes murées de *Thsi-thsi-ho-eurh* du pays de *Hé-loung-kiang*.. 1,855

Total général pour la province de *Tchi-li*............. **3,346,283**

2° *Chan-toung.* Impôts en argent établis sur les champs du peuple. 2,924,189

Impôts personnels en argent établis sur la population imposable (*ting*)........................... 336,928

Impôts mixtes en argent...................... 96,874

Impôts en argent établis sur les champs des colonies militaires.............................. 61,808

Impôts personnels en argent établis sur la population militaire................................ 5,423

Impôts mixtes en argent établis sur les champs des colonies militaires............................ 8,214

Fermage en argent des *champs d'étude*........... 1,316

Total général.................... **3,434,752**

3° *Chan-si.* Impôts en argent établis sur les *champs du peuple*..... 2,336,351

Impôts personnels en argent établis sur la population imposable............................... 552,368

Impôts mixtes en argent...................... 170,827

Impôts en argent établis sur les champs des colonies militaires............................ 20,077

Impôts personnels en argent établis sur la population militaire................................ 13,353

Fermage en argent de certaines terres (*Thi-tsou*)...... 15,011

Fermage en argent pour les études (*Hio-tsou*)......... 257

Fermage en argent établi sur les terres de pâturage des districts de *Thsing-choui-ho* (fleuve d'eau pure) de *Ho-lin-khi-eurh*, de *Ning-youan* et de *Foung-tchin*.. 34,831

Total général **3,143,080**

(liang.)

4° *Ho-nán.* Impôts en argent établis sur les *champs du peuple*...... 2,798,592

Impôts en argent établis sur les champs donnés à des étrangers (*Kung-ming*).................................. 62,062

Impôts en argent établis sur les champs des colonies militaires.. 183,751

Fermage en argent des *champs d'étude*.................. 2,342

Argent provenant de l'impôt personnel établi sur la population imposable.................................. 114,721

Argent provenant de l'impôt sur la cote personnelle des étrangers apanagés (*Kang-ming*).................. 2,888

Argent provenant de l'impôt personnel établi sur la population militaire (*Chun-ting*).................. 6,429

Impôts mixtes en argent.................................. 363,238

Total général.................. 3,534,023

5° *Kiang-sou.* I. Impôts en argent établis sur les *champs du peuple*, dépendants du receveur général de *Kiang-ning*.. 819,598

Impôts en argent établis sur les champs des colonies militaires (*id.*).. 47,005

Taxe militaire en argent (*hiang-choui-yin*) établie sur les champs laissés à la disposition publique dans la ville d'origine très-ancienne de *Kiang-ning* (Nan-king).. 8,588

Impôts en argent établis sur les champs de *hauts roseaux* (bambous).................................. 109,603

Impôts personnels en argent établis sur la population imposable.. 184,316

Impôts personnels en argent établis sur la population militaire.. 10,900

Impôts mixtes en argent.................................. 31,157

Droits mixtes en argent établis sur les marchandises. 115,993

Fermage en argent des études.................. 1,396

Total pour ce qui dépend du receveur général de *Kiang-ning*.................. 1,328,556

II. Dépendances du receveur général de *Sou-tchéou :*

Impôts en argent établis sur les *champs du peuple*.. 2,085,155

Impôts personnels en argent établis sur la population virile imposable.. 50,470

Impôts en argent établis sur les champs des colonies militaires.. 18,953

Impôts personnels en argent établis sur la population militaire.. 196

2,154,774

(liang.)

Report...................... 2,154,774

Fermage en argent des champs publics du district de
Ou.. 842
Produits en argent des grands roseaux ou bambous. 47,394
Impôts mixtes en argent............................ 92,399
Fermage en argent des études....................... 4,051

Total pour les dépendances du receveur général
de *Sou-tchéou*............................ 2,299,460
— de *Kiang-ning*........................ 1,328,556

Total général des impôts et revenus de la province
de *Kiang-sou*............................. 3,628,016

6° *Ngan-hoeï*. Impôts en argent établis sur les *champs du peuple*... 1,420,070
Impôts personnels en argent établis sur la population
imposable....................................... 207,816
Impôts mixtes en argent........................... 142,562
Impôts en argent militaires (*chun-fou yin*)....... 107,337
Fermage en argent des études....................... 1,642
Produits en argent des grands roseaux ou bambous. 50,829

Total général des impôts et revenus de la province
de *Ngan-hoeï*............................ 1,930,256

7° *Kiang-si*. Impôts en argent établis sur les *champs du peuple*.... 1,699,636
Impôts en argent établis sur les champs des colonies
militaires....................................... 48,403
Produits en argent des grands roseaux ou bambous... 6,074
Impôts personnels en argent établis sur la population
imposable....................................... 181,819
Impôts personnels en argent établis sur la population
militaire....................................... 1,326
Impôts mixtes en argent........................... 220,945
Fermage en argent des études....................... 13

Total général des impôts et revenus de la province de
Kiang-si................................. 2,158,216

8° *Fou-kien*. Impôts en argent établis sur les *champs du peuple*.... 930,868
Impôts en argent établis sur les champs des colonies
militaires....................................... 39,049
Impôts établis en argent sur les champs des *Nan-gao*
(ports méridionaux) et des *Yun-thsing-ngao*...... 102
Impôts personnels en argent établis sur la population
imposable....................................... 171,230

1,141,249

(liang.)

Report............................	1,141,249
Impôts personnels en argent établis sur la population militaire..	5,424
Impôts mixtes en argent............................	181,406
Fermage en argent des études........................	2,242
Impôts en argent établis sur les champs de *Taï-wan-fou*, dép. de *Taï-wan* ou *île Formose*............	29,539
Impôts en argent établis sur les contribuables de ce même département...........................	4,056
Impôts mixtes en argent, *id*........................	16,444
Total général............................	1,380,360

9° *Tche-kiang*. Impôts en argent établis sur les *champs du peuple*.	2,527,092
Impôts en riz, mais payés en argent, établis sur les champs des colonies militaires....................	21,231
Argent payé par la population virile imposable personnellement..................................	236,935
Argent payé par la population militaire imposable.	486
Impôts en argent établis sur les terres vaseuses et sablonneuses.......................................	12,993
Impôts mixtes en argent............................	150,407
Fermage en argent des études........................	3,050
Total général............................	2,952,194

10° *Hou-pe*. Impôts en argent établis sur les champs du peuple....	986,094
Impôts en argent établis sur les champs des colonies militaires...............................	52,389
Produits en argent des champs de grands roseaux ou bambous.......................................	11,143
Argent provenant de l'impôt personnel établi sur la population...................................	20,215
Argent provenant de l'impôt personnel établi sur la population militaire.............................	139
Impôts mixtes en argent............................	29,506
Fermage en argent des études........................	1,848
Total général............................	1,101,334

11° *Hou-nân*. Impôts en argent établis sur les champs du peuple...	980,159
Impôts en argent établis sur les champs des étrangers apanagés (*Kang-ming-tien*).................	10,713
Impôts en argent établis sur les champs des colonies militaires...............................	98,485
	1,089,348

		(*liang.*)
	Report	1,089,348
	Argent provenant de l'impôt personnel établi sur la population virile	76,527
	— — — sur la population militaire.	495
	Impôts mixtes en argent	34,702
	Produits en argent des hauts roseaux ou bambous..	1,716
	Fermage en argent des études	1,205
	Total général	1,204,002

12° *Chen-si.* Impôts en argent établis sur les champs du peuple... 1,279,258
Impôts en argent établis sur les champs des colonies militaires 56,713
Fermage en argent établi sur les terres des départements de *Foung-tsiang*, de *Han-tchoung*, de *Hing-ngan*, du district de *Tchang-ngan*, abandonnées par les torrents et devenues productives 547
Impôts en argent établis sur les terres données en apanage 8,490
Impôts personnels en argent établis sur la population imposable 220,551
Impôts personnels en argent établis sur la population militaire 9,842
Impôts personnels en argent établis sur les étrangers apanagés 2
Impôts mixtes en argent établis sur les champs du peuple 83,006
Impôts mixtes en argent établis sur les champs des colonies militaires 602
Fermage en argent des champs d'études 154

Total général 1,659,265

13° *Kan-sou.* Impôts en argent établis sur les terres du peuple... 3,774
Impôts en nature payés en argent *id* 193,606
Impôts en argent établis sur les terres des colonies militaires 15,437
Impôts en nature payés en argent *id* 5,859
Paille et foin payés en argent 2
Impôts en argent établis sur les terres données en apanage 8,070
Impôts en nature payés en argent *id* 382
Impôts en argent établis sur les terres destinées à l'entretien de certaines communautés 669

225,799

(liang.)

	(liang.)
Report.....................	225,799
Impôts en argent établis sur les *terres d'inspection*..	6,458
Argent provenant de l'impôt personnel établi sur la population virile civile et militaire..........	67,441
Impôts mixtes en argent............................ .	42,581
Fermage en argent provenant des champs d'études...	89
Impôts en argent établis sur les terres du peuple dans l'arrondissement de *Ti-hoa*, du département de *Tchin-si*..................	2,957
Impôts mixtes en argent (dans les mêmes localités)...	22,087
Produits en argent des terres de la population marchande du *Tou-eurh-fan* (Tourfan)...............	128
Impôts mixtes en argent *id*.....................	1,679
Impôts mixtes en argent de *I-li*..............	21,582
Impôts mixtes en argent établis sur la population marchande de *Ta-eurh-pa-ngo-taï* (*Tarpangotaï*).	4,012
Impôts mixtes en monnoies de cuivre, *pou-eurh* (*para*) établis sur la population marchande de *Khe-la-cha-eurh, Karachar*, — 272,969 paras, ci.	272,969
Impôts mixtes en monnoies de cuivre *para*, établis sur la population marchande de *Kou-tché*................	42,768
Impôts mixtes en monnoies de cuivre *para*, établis sur la population marchande de *Ho-ke-sou* (*Aksou*)............	253,868
Impôts réguliers (*tching-fou*) en monnoies de cuivre *para*, établis sur les familles musulmanes du *Yarkiyang*...............	2,515,000 *
Impôts mixtes en monnoie *para*, *id*......	372,764
Impôts mixtes en monnoie *para*, établis sur la population marchande de *Ou-chi*....	156,461
Impôts mixtes en monnoie *para*, établis sur la population marchande de *Khe-chi-go-eurh* (*Khachegar*).....................	364,706
Impôts réguliers en monnoie *para*, établis sur les familles musulmanes du même pays...	2,899,847
Impôts en nature payés en monnoie *para*, *id*.	927,316
Impôts réguliers en monnoie *para*, établis sur les familles musulmanes du *Ho-tien*..	1,200,000
	9,005,699 | 395,413

* Le texte porte *eulh tsien ou pe chi ou tsien* : deux mille cinq cent quinze mille.

	paras.	liang.
Report............	9,005,699	395,413

Tributs en chevaux, payés en argent par les clans barbares des hordes *Yu-chou*, qui dépendent du ministre en chef du *Thsing-haï* (mer Verte ou Kokonoor)............ 627

Total des impôts et revenus en *paras* et en *liang* *.. 9,006,326 | 395,413

14° *Sse-tchouan.* Impôts en argent établis sur les champs du peuple et sur la population virile contribuable...;.... 664,613

Impôts en nature de fruits d'automne, payés en argent.................................... 724

Impôts en nature établis sur les champs à légumes du département de *Ning-youan*, payés en argent. 14,408

Impôts mixtes payés en argent.................. 119,308

Impôts en nature établis sur la population *fan*, payés en argent............................. 2,177

Impôts dus par les salines réunies de *Tchang-la*, y compris les tributs de chevaux dus par les chefs indigènes de *Toung-pou*, payés en nature. 312

Impôts en argent payés par les chefs indigènes des bouches intérieures et des bouches extérieures du district de *Ta-tsien-lou*, du département de *Ya-tchéou*............................... 4,010

Fermage en argent des terres de pâturages pour les chevaux.................................. 2,414

Total général........................... 807,966

15° *Kouang-toung.* Impôts en argent sur les champs du peuple.... 906,191

Impôts personnels en argent établis sur la population virile. 118,32

Impôts mixtes en argent....................... 48,735

Impôts en argent établis sur les champs des colonies militaires............................ 118

Impôt personnel en argent établi sur la population militaire............................ 1,689

Fermage en argent des études................. 1,930

Total général......................... 1,076,991

---

* La somme totale que nous trouvons pour les *paras* s'élève à 9,006,326, tandis que celle donnée dans le texte ne s'élève qu'à 9,005,600. L'erreur se trouve dans le texte ou dans les détails donnés par le *Commentaire*.

liang.

16° *Kouang-si.* Impôts en argent établis sur les champs du peuple.. 347,370

Impôts personnels en argent établis sur la population virile... 46,308

Impôts mixtes en argent............................... 86,624

Fermage en argent des champs d'études 1,073

Total général.............................. 481,375

17° *Yun-nán.* Impôts en argent établis sur les champs du peuple et sur ceux des barbares *I*............................ 165,715

Impôts personnels en argent établis sur la population virile... 28,695

Impôts en argent établis sur les champs des colonies militaires... 71,631

Impôts mixtes en argent.............................. 113,935

Fermage en argent des champs d'études.... 10

Fermage en argent des champs de la justice......... 38

Fermage en argent des terrains de pâturages de chevaux. 21

Total général.............................. 380,045

18° *Kouei-tchéou.* Impôts en argent établis sur les champs du peuple. 107,862

Fermage en argent des champs de secours (*Tchin-lien*)... 47

Impôts personnels en argent établis sur la population virile.. 13,806

Impôts mixtes en argent.............................. 25,361

Fermages en argent des champs d'études........... 247

Total général *............................. 147,323

---

* RÉCAPITULATION GÉNÉRALE.

	liang.			*Report*	25,507,180
1° Tchi-li..............	3,346,283		10° Hou-pe....		1,101,334
2° Chan-toung..........	3,434,752		11° Hou-nân..............		1,204,002
3° Chan-si.............	3,143,080		12° Chen-si..............		1,659,265
4° Ho-nan	3,534,023		13° Kan-sou		*395,413
5° Kiang-sou...........	3,628,016		14° Sse-tchouan		807,966
6° Ngan-hoeï...........	1,930,256		15° Kouang-toung		1,076,991
7° Kiang-si	2,158,216		16° Kouang-si		481,375
8° Fou-kien	1,380,360		17° Yun-nân.............		380,045
9° Tche-kiang..........	2,952,194		18° Kouei-tchéou........		147,323
	25,507,180		Total général....		32,760,894
			* *En paras*......		9,006,326

Le chiffre général des impôts et revenus en *liang* ou taëls pour toutes les provinces de la Chine, tel qu'il résulte des chiffres détaillés du *Commentaire*, ne concorde pas avec celui du *Texte*, qui est de 32,845,474 *liang*.

.[*Texte.*] Le montant des impôts *en grains* de différentes natures est de quatre millions trois cent cinquante-six mille trois cent quatre-vingt-deux *chi**[*]* (石), et en *fourrages*, à cinq millions quatre cent quatre-vingt-quatorze mille sept cent quatre-vingt-deux *chö* ou bottes (束).

	chi (hectol.)	cho (bottes)
1° *Tchi-li.* Grains de première qualité fournis par les champs du peuple et les champs des colonies militaires.	93,358	
Grains de première qualité provenant de fermage des champs d'études et des champs de la justice.	1,908	
Fourrages de première qualité fournis par les champs du peuple et ceux des colonies militaires.		94,426
En outre : Impôts inscrits pour être expédiés au *Ministère des finances :*		
Légumes farineux noirs (*hé-téou*, comme fèves, haricots, etc.).	239	
Sésame (*Tchi-ma*).	99	
Châtaignes (*thsin-li*).	28	
FOUNG-THIEN, ou territoire sacré de *Moukden :*		
Riz de première qualité prélevé sur les champs du peuple.	43,828	
Légumes farineux de première qualité prélevés sur les terres qui ont *fait retour au peuple.*	34,741	
Fourrages.		417,261
Grains de première qualité prélevés sur les champs communs dans les trois clans de *Keralin*, *Ortsou*, à *Pélouna* (*Bédouné*), *Ning-gouta*, dépendants du district de KI-RIN.	22,680	
Grains de première qualité prélevés sur les champs communs du *He-loung-kiang* (fleuve du Dragon noir).	8,283	
Total des grains, légumes et fourrages pour la province de *Tchi-li*.	205,164	511,687

---

[*] Le *chi* est une mesure de capacité qui est égale à 3,160 pouces cubes chinois. Il pèse 72 kilogrammes, ce qui l'assimile, à très-peu de chose près, à notre *hectolitre*, lequel, en froment, pèse terme moyen 75 *kilogrammes*.

	chi (hectol.)	*cho (bottes)*
2° *Chan-toung.* Grains de première qualité prélevés sur les champs du peuple	434,341	
Fruits de diverses natures (*Ko*)	808	
Impôts en nature comptés, le *tiers* en riz et les *deux tiers* en fruits	404	
Grains de toutes qualités (*Tchi-sse*)	78,833	
Total général	514,386	
3° *Chan-si.* Grains de première qualité prélevés sur les champs du peuple	81,874	
Grains de toute qualité	15,006	
Fourrages de première qualité		3
Fourrages de toute qualité		9,038
Grains de première qualité prélevés sur les champs des colonies militaires	13,215	
Grains de toutes qualités (*id.*)	14,541	
Fourrages de toutes qualités		19,185
Grains de première qualité provenant de terres affermées	260	
Grains de première qualité du fermage des études	1,189	
Total général	126,085	28,226
4° *Ho-nán.* Grains de toutes qualités prélevés sur les champs du peuple	28,876	
5° *Kiang-sou.* I. Grains de première qualité prélevés sur les champs du peuple dépendants du receveur général de *Kiang-ning* (Nanking)	53,644	
Grains de première qualité prélevés sur les champs des colonies militaires dépendants du même receveur général	36,030	
II. Riz de première qualité prélevé sur les champs du peuple dépendants du receveur général de *Sou-tchéou*	241,265	
Légumes farineux de première qualité, *id.*	859	
Légumes farineux de toutes qualités, *id.*	1,347	
Riz de première qualité prélevé sur les champs des colonies militaires	10,401	
Total général	343,546	

chi (hectol.) | cho (bottes)

6° *Ngan-hoeï.* Grains de première qualité payés en impôts
par le peuple............................... 27,564
Grains de toutes qualités, *id*............... 46,814
Grains de première qualité payés en impôts
par les colonies militaires................. 26,968
Grains de toutes qualités, *id*............... 52,598

       Total général.............. 153,944

7° *Kiang-si.* Grains de première qualité prélevés sur les
champs du peuple........................... 50,144
Grains de toutes qualités, *id*................. 79,446
Fruits provenant du fermage (des champs)
d'études.................................... 6,534

       Total général............. 136,124

8° *Fou-kien.* Grains de première qualité prélevés sur les
champs du peuple.......................... 100,871
Grains de première qualité prélevés sur les
champs des colonies militaires............. 25,225
Grains de première qualité prélevés sur les
champs des *Nân-gao* et *Yun-thsing-gao*.... 232
Grains de première qualité provenant d'impôts
mixtes..................................... 1,845
Grains de première qualité imposés sur les
champs du département de *Taï-wan* (Formose)...................................... 190,799
Riz de l'espèce *no* ou visqueux.............. 7

       Total général.............. 318,979

9° *Tché-kiang.* Grains de première qualité prélevés sur les
champs du peuple.......................... 242,108
Grains de toutes qualités, *id*............... 35,720

       Total général.............. 277,828

10° *Hou-pé.* Grains de première qualité prélevés sur les
champs du peuple.......................... 136,916
Grains de toutes qualités, *id*............... 45,167
Fruits provenant du fermage (des champs)
d'études.................................... 124

       Total général.............. 182,207

		chi (*hectol.*)	cho (*bottes*)

11° *Hou-nân.* Grains de première qualité prélevés sur les champs du peuple........................ 144,167

Grains de première qualité prélevés sur les champs des colonies militaires........... 41

Grains de toutes qualités, *id*.............. 170

        Total général.............. 144,378

12° *Chen-si.* Grains de première qualité prélevés sur les champs du peuple........................ 32,018   6,051

Fourrages, *id*.................................... 6,051

Grains de première qualité prélevés sur les champs des colonies militaires............. 129,616

Fourrages, *id*.................................... 9,581

Grains de première qualité prélevés sur les terres des trois départements de *Foung-tsiang*, de *Han-tchoung*, de *Hing-ngan*, du district de *Tchang-ngan*, qui ont été rendues à la culture............................ 534

Grains de première qualité prélevés sur les terres données autrefois en apanage à des étrangers............................ 39,666

Grains de première qualité prélevés sur les champs des études........................ 1,228

        Total général.............. 203,062   15,632

13° *Kan-sou.* Grains de première qualité prélevés sur les champs du peuple et sur ceux des colonies militaires............................ 29,885

Fourrage de première qualité, *id*.............. 31,434

Grains de première qualité prélevés sur les terres des colonies militaires........... 462,883

Fourrages de première qualité, *id*.............. 4,857,785

Fourrages payés en grains, *id*., 8 boisseaux.

Grains de première qualité payés sur les impôts mixtes.......................... 61

Grains de première qualité prélevés sur les terres données en apanage................ 22,459

Fourrages, *id*.................................... 39,060

Grains de première qualité prélevés sur les terres destinées à l'entretien de certaines communautés........................... 147

        515,435   4,928,279

	chi (hectol.)	cho (bottes)
Report..................	515,435	4,928,279
Grains de première qualité prélevés sur les terres des *fan*, dans les quatre départements de *Lan-tchéou*, *Koung-tchang*, *King-tchéou*, et *Si-ning*.................	13,431	
Fourrages, *id*............................		508
Grains de première qualité prélevés sur les champs d'études.......................	1,294	
Grains de première qualité prélevés sur les champs du peuple, dans l'arrondissement de *Ti-hoa*, du département de *Tchin-si*...	74,375	
Grains des colonies militaires de *Pa-li-kouan*.	22,843	
Grains — — de *Ha-mi*......	6,916	
Fourrages — — *id*..............		10,448
Grains des colonies militaires de *Tourfan*...	10,494	
Grains des colonies militaires musulmanes..	4,565	
Grains de diverses natures en acquit de certains droits............................	2,696	
Grains des colonies militaires de *Ouroumoutsi*	33,292	
Grains — de *I-li*........	44,559	
Grains — de musulmans (à *I-li*).	100,000	
Grains — de *Tarpangotaï*.	14,197	
Grains — de *Karachar*...	6,104	
Grains de première qualité payés comme impôts par des familles musulmanes (à *Karachar*).................................	982	
Grains de première qualité payés comme impôts par des familles musulmanes de *Koutché*.................................	2,885	
Grains de première qualité livrés par les familles musulmanes de *Aksou*...........	8,141	
Grains de première qualité payés comme impôt régulier par les familles musulmanes du *Yarkiyang*.................	21,306	
Grains de diverse nature en acquit de certains droits..............................	92	
Grains des colonies militaires de *Ou-chi*....	5,112	
Grains de première qualité payés comme impôts par les familles musulmanes, *id*.....	2,010	
Grains de première qualité livrés par les familles musulmanes de *Kachegar*.......	8,480	
Grains de première qualité payés comme impôt régulier par les familles musulmanes de *Ho-tien*............................	13,886	
Total général	**913,095**	**4,939,235**

	chi (hectol.)	cho (bottes)
14° *Ssĕ-tchouan*. Grains de première qualité payés en impôts par la population *fan* ou étrangère..	1,256	
Grains de diverses espèces fournis par les cinq colonies militaires du district indépendant de *Méou-koung*, et par les terres des territoires nouvellement acquis..	1,295	
Riz, fruits et grains de diverses espèces des terres des pâturages de chevaux....	2,131	
Total général................	4,682	
15° *Kouang-toung*. Grains de première qualité prélevés sur les champs du peuple................	256,435	
Impôt territorial en nature de source intérieure et en première qualité....	32,322	
Impôt en argent établi sur les terres, changé en impôt en nature.........	224,112	
Somme en argent (*ki-yin*) 236,865 *liang* *.		
Grains de première qualité prélevés sur les champs des colonies militaires...	91,811	
Total général................	604,680	
16° *Kouang-si*. Grains de première qualité prélevés sur les champs du peuple......................	78,757	
Grains de toutes qualités, *id*............	51,376	
Grains de toutes qualités prélevés sur les champs d'études......................	32	
Total général................	130,165	
17° *Yun-nán*. Grains de première qualité prélevés sur les champs du peuple.......................	110,817	
Grains de première qualité prélevés sur les champs des colonies militaires...........	27,217	
Fruits provenant du fermage des champs de la justice...........................	671	
Fruits provenant du fermage des champs des étules..............................	20	
Fruits provenant du fermage des champs de la justice et des études................	124	
Total général................	138,749	

* Si l'on ajoute cette somme de *liang* au chiffre général des impôts en argent précédemment énumérés, on aura 33,007,759 *liang*, chiffre qui dépasseroit alors celui donné dans le texte, de 162,285 *liang*.

	chi (hectol.)	cho (bottes)
18° *Kouei-tchéou.* Grains de première qualité prélevés sur les champs du peuple	122,108	
Fruits, *id.*	75	
Riz de première qualité prélevés sur les champs des colonies militaires	6,500	
Riz provenant du fermage des champs de secours	240	
Fruits, *id.*	6,692	
Riz provenant du fermage des champs d'études	305	
Fruits, *id.*	368	
Total général	135,288	

[*Nota.*] Le Commentaire ajoute : « Les grains blancs (*pe-liang*), prélevés et transportés par eau à la cour, des provinces de *Chan-toung*, *Ho-nân*, *Kiang-nân*, *Tché-kiang*, *Kiang-si*, *Hou-kouang*, ne sont point compris dans cette énumération. »

[*Texte.*] Quant aux impositions non déterminées et fixées à l'avance, elles seront prélevées intégralement et employées de même.

[*Comm.*] Ce sont les droits divers établis sur les terres dégénérées (*lo thi*) des provinces de *Tchi-li*, de *Chan-toung*, de *Ngan-hoeï*, de *Tché-kiang*, de *Hou-nân*, de *Sse-tchouan*; les droits en argent sur les marchandises dans les provinces de *Ngân-hoeï*, de *Kan-sou*, de *Tchang-te-fou*, du *Hou-nán*; les droits en argent établis sur les chevaux et les bœufs des cinq villes *Thsi-tchi-ngo-eurh* (*Thsi-thsi-nagara?*), de *Hé-loung-kiang*; les droits et autres taxes en argent pesé établis sur le *thé* et sur les marchandises du département de *Thsi-ning* et autres de la province de *Chan-toung*; les droits divers en argent établis sur les dents de bœufs et d'ânes de la même province; les droits divers établis sur les fleurs qui donnent le bleu indigo (*tién hoa*), et ceux établis aux entrées de la capitale sur les mulets de la province de *Kiang-sou*; le produit de la pêche et les droits en argent établis à l'entrée des passages, sur les bœufs, les porcs, de la province de *Fo-kien*; les droits établis sur les troncs d'arbres jaunes nommés *nie*; sur les bœufs, les chevaux, les ânes et les mulets de la province de *Hou-pé*; les droits en argent établis sur les terres dégradées de *Si-kouan*, de *Yun-yang-fou*, de la ville murée nommée *fan* de *Jang-yang-fou*, sur les marchés aux fourrages, marchés aux sables intérieurs et extérieurs de la ville murée de *Hing-king-tchéou-fou*, sur les marchés forains de *Gan-ling-fou*, et de vingt-sept autres localités consistant en grandes bourgades ou villages approvisionnés de la même province; les impôts en argent établis sur les champs des colonies militaires dans le district de *I-li*; les droits en argent établis sur les chevaux de la province de *Kouang-si*; etc.

Autres ouvrages du Traducteur relatifs à l'Orient.

1° *Mémoire sur l'origine et la propagation de la doctrine du Tao, ou de la Raison suprême*, fondée, en Chine, par LAO-TSEU; etc.; suivi de deux *Oupanichads des Védas*, avec le texte sanskrit et la traduction persane. Paris, 1831, in-8.

2° ESSAIS *sur la philosophie des Hindous*, par Colebrooke; traduits de l'anglais, et augmentés de notes nombreuses. Paris, 1833, in-8, Hachette.

3° *Description historique, géographique et littéraire de l'Empire de la Chine;* Ire partie, un volume à deux colonnes, avec soixante-douze planches. Paris, 1838, F. Didot.

4° Le *Ta-hio, ou la Grande Étude*, le premier des quatre livres de philosophie morale et politique de la Chine; ouvrage de KHOUNG-TSEU, et de son disciple THSENG-TSEU, en *chinois*, en *latin* et en *français*, avec le Commentaire de TCHOU-HI, et des notes. Paris, 1837, gr. in-8, F. Didot.

5° Le *Tao-te-King, ou le Livre révéré de la Raison suprême et de la Vertu*, par LAO-TSEU, traduit en français, et publié pour la première fois en Europe, avec une version latine et le texte chinois en regard; accompagné du Commentaire complet de *Sie-hoeï*, d'origine occidentale, et de notes tirées de divers commentateurs chinois. Ire livraison, gr. in-8. Paris, 1838, F. Didot.

6° *De l'origine et de la formation des différents systèmes d'écritures orientales et occidentales.* Paris, août 1838, in-4. (Extrait de *l'Encyclopédie nouvelle*). Épuisé.

7° *Documents historiques sur l'Inde*, traduits du chinois. Paris, 1840, in-8. (Extraits du *Nouveau Journal asiatique*).

8° *Les Livres sacrés de l'Orient.* Paris, 1840, un grand volume in-8, à deux colonnes, imprimé par MM. F. Didot.

9° SÁVITRÍ, épisode du *Mahábhárata*, traduit du sanskrit et orné de vignettes indiennes. Paris, 1841, Curmer.

Typographie de Firmin Didot Frères, rue Jacob, 56.

www.ingramcontent.com/pod-product-compliance
Ingram Content Group UK Ltd.
Pitfield, Milton Keynes, MK11 3LW, UK
UKHW022320120726
13694UKWH00004B/1479